ICETE Series

Principios de Buenas Prácticas para Bibliotecas Teológicas al Servicio de Programas de Doctorado

ICETE

Global Hub for Evangelical Theological Education

Langham

GLOBAL LIBRARY

Esta es una guía importante. Está bien estructurada según una presentación clara de dieciséis principios que son importantes para servir a los estudiantes de doctorado. Basándome en mis experiencias como bibliotecario en jefe y coordinador de investigación, así como presidente de numerosas asociaciones y organismos consultivos, creo que los principios merecen una redacción aún más fuerte. En especial me gustaría destacar dos de los principios que están en el libro:

> Principio #1: Un programa de doctorado que ha sido diseñado sin tener en cuenta lo que la biblioteca y el personal de la biblioteca pueden ofrecer está condenado al fracaso.

> Principio #4: Networking, networking, networking! Si ni siquiera Harvard puede comprar todos los materiales que necesitan sus investigadores, entonces una biblioteca teológica del mundo mayoritario nunca lo logrará sin la ayuda de colegas locales y en el extranjero.

Tomar en cuenta estos principios le salvará mucho dinero y frustración a un programa de doctorado.

Geert Harmany
Presidente, Bibliothèques Européennes de Théologie
Director de Biblioteca y Coordinador de Investigaciones,
Kampen University, Países Bajos

Como alguien que ha estado involucrada en el Comité Directivo de la Iniciativa Doctoral desde sus inicios, puedo confirmar que *Principios de Buenas Prácticas para Bibliotecas Teológicas al Servicio de Programas de Doctorado* es una contribución única y muy útil para las instituciones de educación teológica. Este libro considera varias personas relacionadas con los programas de doctorado, ya sea que estén al principio de su carrera o ya relativamente establecidas. Estamos de acuerdo en que una biblioteca es una de las claves del éxito de un programa de doctorado, pero el equipamiento de las bibliotecas requiere de una importante inversión de tiempo y esfuerzo, por no mencionar los recursos financieros y la experiencia del personal. Este libro se orienta a, y está preparado para, tratar con dos objetivos aparentemente asincrónicos: la existencia de bibliotecas que sean buenas *y* económicamente viables en las instituciones de educación teológica del mundo mayoritario. Este libro está lleno de sugerencias y ejemplos —ofrecidos por profesionales especializados— que son prácticos y adaptables, y además ofrece pautas detalladas que cualquier institución puede seguir fácilmente para crear o actualizar su biblioteca a fin de responder eficientemente a las necesidades de su programa de doctorado.

Jung-Sook Lee
Vicepresidenta de la Asociación Teológica de Asia
Profesora de Historia de la Iglesia y expresidenta,
Torch Trinity Graduate University, Seúl, Corea

Los desafíos de ofrecer una educación teológica de calidad a nivel de doctorado en el mundo mayoritario son bien conocidos. Un doctorado, por definición, enfoca en la investigación. La investigación requiere tanto de colecciones gestionadas profesionalmente como de asistencia de investigación profesional. Los costos de cumplir con estos requisitos en países en desarrollo pueden parecer prohibitivos.

Esta importante y oportuna obra reconoce los desafíos profesionales, económicos y administrativos que enfrentan los educadores teológicos en países bajo presión, pero opta por centrarse en las soluciones más que en los problemas. Este tomo, creativo y perspicaz, ofrece una guía sofisticada, matizada y realista para administradores, bibliotecarios y otros interesados que están tratando de responder a las necesidades de información de estudiantes de posgrado y académicos en el mundo mayoritario.

Escrito por profesionales maduros y reflexivos, esta obra provee una orientación indispensable para aquellos que educarán a la próxima generación de pastores, académicos y teólogos.

Thomas E. Phillips
Director, Digital Theological Library,
Open Access Digital Theological Library, y Global Digital Theological Library

Este libro sobre principios para bibliotecas teológicas cubre integralmente la necesidad de directrices para evaluar, planificar e implementar prácticas eficaces orientadas a que las bibliotecas teológicas puedan apoyar mejor a un programa de doctorado de calidad y a sus estudiantes, especialmente en el mundo mayoritario. Apunta a la interacción orgánica y fundamental entre la biblioteca y el plan de estudios de un programa de doctorado, y enfatiza importantes aspectos administrativos que no deben pasarse por alto para que la biblioteca pueda responder a las necesidades de investigación de estudiantes y profesores. Los estudios de caso de bibliotecas en África, Asia y Europa ilustran la importancia de los principios compartidos en el libro.

Es de lectura obligada para bibliotecarios, administradores y oficiales de acreditación de escuelas teológicas del mundo mayoritario.

Elisabeth Sendek
Ex rectora
Seminario Bíblico de Colombia, Medellín, Colombia

La investigación teológica, especialmente a nivel de doctorado, nunca es autosuficiente. En cualquier proyecto teológico, entramos en una conversación que comenzó mucho antes que nosotros, entre representantes de diferentes épocas, tradiciones de fe, escuelas teológicas y denominaciones. Cuando los estudiantes de doctorado cruzan el umbral de la biblioteca, y antes de poder decir algo significativo, necesitan interactuar con un sinfín de libros, disertaciones y artículos, escuchar humildemente lo que otros han dicho previamente para, con alguna orientación de su supervisor y del bibliotecario, encontrar su lugar en el banquete de la conversación académica. Quiero expresar mi más sincero agradecimiento a los autores del libro por recordarnos esto con tanta habilidad, amplitud de perspectiva y generosidad.

Roman Soloviy
Director, Eastern European Institute of Theology (en colaboración con EAAA)
Consultor, Junta Directiva de la Euro-Asian Accrediting Association

Principios de Buenas Prácticas para Bibliotecas Teológicas al Servicio de Programas de Doctorado es una contribución clave para cualquier institución académica en el mundo mayoritario. Su importancia radica en la premisa que sostiene todo el libro — que la biblioteca juega un papel indispensable en cualquier programa, pero sobre todo en los programas de doctorado. El libro *Principios de Buenas Prácticas* desmitifica la tarea de la biblioteca como "almacenamiento de libros" y crea una visión integral de un sistema de bibliotecas que funciona como la piedra angular de un programa de doctorado y de la institución. Lo que me intriga sobremanera de este libro es que retrata la biblioteca como parte de la cultura de investigación de la institución, especialmente cuando cuenta con un programa de doctorado. La biblioteca, según *Principios de Buenas Prácticas*, es la columna principal sobre la cual toda la estructura académica descansa de manera segura.

Walid Zailaa
Decano académico y Bibliotecario en jefe
Arab Baptist Theological Seminary, Beirut, Libano
Miembro, Middle East and North Africa Association for Theological Education
(MENATE)

Principios de Buenas Prácticas para Bibliotecas Teológicas al Servicio de Programas de Doctorado

Editora General

Katharina Penner

Editores de la Serie

Riad Kassis

Michael A. Ortiz

ICETE

Global Hub for Evangelical Theological Education

Langham

GLOBAL LIBRARY

Información de Publicación del Catálogo Bibliotecario Británico
El registro del catálogo para este libro está disponible en la Biblioteca Británica

ISBN: 978-1-83973-931-6

Diseño & arte de portada y libro: projectluz.com
Traducción al español: Jim Breneman

Contents

Prólogo xi

Introducción 1

Parte I: Principios para mejores prácticas en las bibliotecas 5

Área 1: La integración de la biblioteca en la planificación de un
programa de doctorado 5
    Principio #1: La biblioteca participa de forma destacada en la
    preparación del programa de doctorado 5
    Principio #2: La biblioteca prioriza las necesidades particulares de
    los estudiantes de doctorado y asigna personal para el programa de
    doctorado 7

Área 2: Alianzas y colaboraciones 9
    Principio #3: La biblioteca colabora con la facultad en áreas
    relacionadas con la investigación 10
    Principio #4: La biblioteca colabora con otras bibliotecas a nivel
    local e internacional 11

Área 3: Desarrollo y gestión de colecciones 13
    Principio #5: La colección de la biblioteca sirve a los planes de
    estudio, incluyendo el programa de doctorado 14
    Principio #6: El desarrollo y la gestión de la colección se rigen por
    políticas documentadas 14
    Principio #7: La política de desarrollo de la colección hace énfasis
    en las adquisiciones para el programa de doctorado 15
    Principio #8: La biblioteca provee acceso a recursos impresos y
    electrónicos 16
    Principio #9: La biblioteca fomenta la accesibilidad y el intercambio
    mediante el uso de un sistema de clasificación reconocido y un
    catálogo en línea 19

Área 4: Los roles del personal de la biblioteca 20
    Principio #10: La institución dispone de suficiente personal
    cualificado para la biblioteca 20

Principio #11: El personal de la biblioteca enfatiza de manera consistente una "cultura de servicio", y continuamente busca mejorar su orientación al usuario 21

Principio #12: El personal de la biblioteca participa de manera continua en el aprendizaje permanente y el desarrollo profesional 22

Área 5: Alfabetización informática en programas de doctorado 24

Principio #13: La biblioteca desarrolla una política de alfabetización informática y un plan de estudios 25

Principio #14: La biblioteca ofrece orientación inicial y continua para los estudiantes de doctorado 26

Principio #15: Los bibliotecarios colaboran con la facultad en intervenciones de alfabetización informática (AI) 27

Principio #16: La biblioteca forma parte de la cultura de investigación de la institución 28

Parte II: Historias de transición, sirviendo a estudiantes de doctorado . . 29

1. "Una tarea colaborativa y compartida": La biblioteca de la Africa International University (Nairobi) 29

2. "Expandir la imaginación": La Biblioteca de la China Graduate School of Theology (Hong Kong) 38

3. "La excelencia es un recorrido": la biblioteca del South Asia Institute of Advanced Christian Studies (Bangalore) 47

4. "Un trabajo misionero en sí mismo": La biblioteca John Smyth del International Baptist Theological Study Centre (Ámsterdam) 57

5. ¿Qué es lo que vemos?: Algunas reflexiones sobre las "Historias de Transición" 65

Apéndices 73

Apéndice 1: Perfil de los candidatos doctorales en el mundo mayoritario 75

Apéndice 2: Redes de bibliotecas 83

Lecturas adicionales 87

Contribuyentes 89

Prólogo

Cualquier persona involucrada en la educación teológica a nivel mundial reconoce que hay factores que continuamente demandan que los programas se examinen a sí mismos y revisen sus futuras trayectorias. Estos factores pueden ser de diversa índole, incluyendo una situación económica difícil, desafíos tecnológicos, inestabilidad, y cambios en lo que piden los estudiantes, por mencionar algunos. Por eso, los líderes en educación teológica a menudo están buscando cómo situar mejor sus ofertas educativas para beneficiar tanto a sus estudiantes como a los miembros de su institución. Esto por cierto aplica a todos los sectores de la educación teológica, incluso a nivel de doctorado e incluyendo a la biblioteca.

Este tomo, *Principios de Buenas Prácticas para Bibliotecas Teológicas al Servicio de Programas de Doctorado,* es un recurso oportuno y apropiado que ayudará a asentar a las bibliotecas como contribuyentes vitales para el éxito continuado de los programas de doctorado. Aunque ciertamente hay influencias que siguen desafiando a los líderes de educación teológica, este recurso presenta orientación, perspectivas y experiencias globales, además de consideraciones prácticas para producir bibliotecas sólidas. Especialmente a nivel de doctorado, los líderes de las instituciones de educación teológica deben garantizar que los estudiantes tengan a su alcance los recursos pertinentes y suficientes para avanzar y lograr sus objetivos educativos.

Mediante el esfuerzo colaborativo y global de ocho editores contribuyentes, todos los cuales han servido a estudiantes de doctorado en el mundo mayoritario, *Principios de Buenas Prácticas* plantea los elementos esenciales para garantizar que tales bibliotecas existan como parte integral de las ofertas de doctorado. Los editores también han desarrollado este recurso de una manera que sirva no solo para retar a las bibliotecas teológicas que ya existen como tal, sino también para ayudar a aquellos que aspiran a desarrollar nuevos programas de doctorado. En la Parte I del libro, a fin de inspirar a que las bibliotecas teológicas maximicen su efectividad a largo plazo, los editores ponen el foco en cinco áreas fundamentales y las desglosan en dieciséis principios.

Las bibliotecas, desafortunadamente, suelen considerarse como un componente mínimo al momento de planificar los programas de doctorado. En su primera parte, este libro señala la necesidad crítica de que los bibliotecarios no solo funjan como guardianes de colecciones, sino que la institución tenga un plan robusto para el desarrollo de su biblioteca. Los editores, con consideraciones prácticas y basadas en la experiencia —especialmente en contextos del mundo mayoritario—, ofrecen ayuda sobre cómo desarrollar un plan para ello. Como parte de esa planificación, la mayoría de las instituciones reconocerán que no hay biblioteca alguna que pueda ofrecer a sus estudiantes todos los recursos imaginables. Aceptando esta realidad, los editores abordan una segunda área importante referente a las bibliotecas teológicas: las asociaciones y la colaboración, que son formas vitales para maximizar la capacidad de una biblioteca de ofrecer recursos. En esta segunda área, *Principios de Buenas Prácticas* ofrece formas concretas y realistas de explorar relaciones y herramientas para mejorar aún más una biblioteca teológica.

Una vez que una institución tiene su acervo de recursos, el desarrollo posterior de esa colección —y su gestión— son importantes para el éxito continuo de cualquier programa de doctorado. En esta tercera área, los editores presentan buenos criterios de discernimiento, como el nexo entre la colección de la biblioteca y el plan de estudios, las políticas de gobernanza, un verdadero enfoque en las necesidades particulares de los estudiantes de doctorado dentro de sus contextos, y su acceso efectivo a los recursos disponibles.

La cuarta área aborda específicamente los roles del personal de la biblioteca. Los editores de ninguna manera consideran que el personal de la biblioteca ofrece solamente apoyo colateral a los programas de doctorado; más bien participa de forma integral en el fortalecimiento y el éxito de esos programas. Así pues, este libro anima a sus lectores a reflexionar críticamente sobre las potenciales contribuciones del plantel de la biblioteca como personal bibliotecario cualificado, que crea una cultura enfáticamente orientada a los estudiantes, enfocada en el servicio y el desarrollo profesional.

El área final aborda la alfabetización informática de los estudiantes de doctorado. Los editores reconocen que no todos los estudiantes de nivel de doctorado han tenido las experiencias previas de investigación educativa y la capacitación necesarias para sobresalir a nivel de doctorado. Con eso en mente, esta quinta área presenta medidas prácticas y vitales que deben incluirse en un plan de estudios, así como formas de animar a los estudiantes de manera continua. Como es de esperarse, los editores incluyen también la necesidad del aporte de la facultad de profesores y sugieren formas de fomentar una cultura de investigación dentro de las instituciones.

A continuación de sus extensas recomendaciones en las cinco áreas ya señaladas, los editores comparten historias de sus diversos contextos, relaciones y experiencias globales. Con ello, el lector no solo tiene el beneficio de los principios prácticos presentados en la Parte I, sino que en la Parte II del libro muchos de estos principios se ilustran con situaciones concretas de bibliotecas teológicas reales. Los editores hacen más que simplemente sugerir principios; tienen la credibilidad para sugerirlos con base en su propia y sustancial experiencia en el campo.

Como se ha mencionado, los programas de educación teológica enfrentan retos constantes y quienes los dirigen están constantemente buscando maneras de crear estabilidad en las diversas facetas de sus programas. *Principios de Buenas Prácticas* ofrece a líderes institucionales una riqueza incalculable de sabiduría, plasmada por experiencias globales y orientada a que las bibliotecas teológicas puedan ser duraderas y relevantes y enriquezcan los programas de doctorado. Sin duda, al leer las páginas de este libro, el Señor las usará para ayudarles a dar forma a sus bibliotecas teológicas, las cuales confiamos que resultarán en una mayor calidad en la educación teológica a nivel de doctorado para la gloria de Dios y el bien de su pueblo.

Michael A. Ortiz, PhD
Director Internacional, ICETE

Introducción

Este libro es el resultado de la cooperación entre bibliotecarios y miembros de facultades docentes de diferentes continentes. Todos estamos involucrados en servir a estudiantes de doctorado en instituciones de educación teológica en el mundo mayoritario, y estamos íntimamente familiarizados con las alegrías y los desafíos de caminar junto a estos estudiantes en sus recorridos investigativos. En muchas conversaciones, sincrónicas y asíncronas, hemos compartido ideas y nuestras experiencias contextuales, particulares y únicas. Estas conversaciones nos han ayudado a dar forma y formular recomendaciones para prácticas eficaces en bibliotecas teológicas.

Aunque escribimos como bibliotecarios y bibliotecarias, esperamos que nuestros planteamientos también interactúen con otras partes interesadas dentro de las instituciones de educación teológica. Nos motiva nuestra causa común —servir a Dios y a las personas a través de una educación teológica de calidad— y esperamos resaltar aspectos relacionados con la biblioteca que de otra manera podrían ser pasados por alto. Creemos firmemente que las bibliotecas y los bibliotecarios son contribuyentes indispensables para el aprendizaje de los estudiantes y necesitan ser socios vitales en las conversaciones sobre sus investigaciones.[1]

Este libro tiene la intención de crear conciencia y estimular la discusión sobre el valor y la contribución de las bibliotecas al éxito de los programas de doctorado en las instituciones teológicas relacionadas con ICETE (Consejo Internacional para la Educación Teológica Evangélica). Al respecto, tiene en mente a varios grupos de lectores.

Si usted es administrador/a, encontrará un panorama general de:

- cuestiones relacionadas con la biblioteca que deben contemplarse y prepararse antes del inicio de un programa de doctorado;

---

1. Una buena biblioteca puede contribuir a la buena reputación de una institución cuando manifiesta los valores académicos y las prácticas de investigación de dicha institución. Ello incluso puede servir para atraer a estudiantes —que cuentan con las competencias pertinentes y el potencial académico— para llevar a cabo sus estudios de doctorado en tal institución; cf. "The Value of Libraries for Research and Researchers," un reporte de RIN y RLUK, marzo de 2011; https://www.rluk.ac.uk/wp-content/uploads/2014/02/Value-of-Libraries-report.pdf (citado el 7 de mayo de 2021).

- puntos a tener en cuenta para el desarrollo de personal de biblioteca eficaz (roles, actitudes, formación profesional);
- ideas sobre el desarrollo de recursos para apoyar un programa de investigación (recursos impresos, electrónicos, cooperativos);
- actividades y recursos que las bibliotecas deberían ofrecer para el apoyo continuo de los estudiantes de doctorado.

Si usted es un oficial de acreditación, encargado de la evaluación de un programa de doctorado, encontrará:

- una perspectiva general de áreas y aspectos relacionados con la biblioteca que deben formar parte de un autoestudio y del proceso de evaluación durante una visita de acreditación;
- elementos de lo que constituye la calidad de una biblioteca teológica, expresados a través de la experiencia acumulada y de las mejores prácticas (realistas) de bibliotecarios teológicos de diferentes continentes;
- parámetros generales relacionados con la colección de la biblioteca, su personal, la cooperación, la investigación y la capacitación en alfabetización informática.
- ideas y recomendaciones para sugerirle a la institución bajo evaluación a fin de guiar el desarrollo y la evaluación de su biblioteca.

Si usted es bibliotecario teológico en el mundo mayoritario, cuya institución ya tiene o planea implementar un programa de doctorado, encontrará todo lo anterior, y además:

- nombres y formas de estar en contacto con bibliotecarios que sirven en circunstancias similares;
- áreas y aspectos en los que reflexionar en su autoevaluación y en el diseño de un plan de desarrollo de su biblioteca;
- facetas a tener en cuenta en la planificación del desarrollo profesional, tanto para el suyo propio como para el de sus colegas.

Este libro identifica cinco áreas de intervención que necesitan de la atención de las instituciones de educación teológica en el mundo mayoritario a fin de optimizar las operaciones de la biblioteca para servir a los programas de doctorado. Los varios principios en cada una de las cinco áreas críticas abordan aspectos de las mejores prácticas para bibliotecas teológicas y sirven como directrices e indicadores de calidad. Las áreas han sido escritas cada una por un colaborador diferente. Luego fueron discutidas y revisadas en conversaciones de equipo, dando como resultado la formulación de los principios. Un lector atento notará diferencias de estilo y énfasis, así como también repeticiones. Aunque es natural encontrar lo primero en un trabajo colaborativo, las repeticiones son intencionales y subrayan la manera en que las áreas son plenamente interdependientes. El Apéndice 1 resume las necesidades de información y los comportamientos de investigación de los estudiantes de doctorado —según han sido observados y documentados en la literatura— que han guiado nuestras recomendaciones. El Apéndice 2 refuerza la necesidad de cooperación en nuestro mundo interconectado.

También hemos incluido nuestra propia experiencia. Bibliotecarios de cuatro instituciones teológicas, que fueron parte de las conversaciones que forjaron este libro, han compartido el proceso de desarrollo de su biblioteca en la transición a servir a los programas de doctorado. Nos hemos esforzado por ser lo más auténticos y sinceros posible y no sucumbir a la trampa cultural de esconder los problemas detrás de una bonita fachada. Como estas historias vienen de diferentes continentes y contextos, esperamos que otras instituciones teológicas del mundo mayoritario puedan encontrar lecciones que les sirvan al momento de planear el inicio de un programa de doctorado o de pasar por un proceso de evaluación de un programa ya en operación.

El libro se basa en varias fuentes (aunque no siempre se citan explícitamente), incluyendo los "Beirut Benchmarks"[2] para programas de doctorado, los estándares de las agencias de acreditación (de las organizaciones que son miembros de ICETE), y documentos de varias organizaciones de bibliotecas. Al final del libro se presenta una lista de "Lecturas adicionales".

El contexto de las bibliotecas teológicas está cambiando rápidamente y, al mismo tiempo, hay también distinciones contextuales particulares. Si bien hemos intentado desarrollar principios de mejores prácticas con el input de diferentes continentes, estos necesitan ser adaptados e implementados según la situación de cada biblioteca y cada programa local. La implementación que hace cada programa puede ser diferente. Aun así, cada biblioteca teológica debe contribuir al objetivo mayor —la calidad de la educación teológica y la investigación— de una manera que sea verificable. Esta es la misión y el impacto de la biblioteca para el reino de Dios.

---

2. El Manifiesto de Beirut [sobre la renovación de la educación teológica evangélica] se puede encontrar en https://icete.info/resources/the-beirut-benchmarks/.

Parte I

Principios para mejores prácticas en las bibliotecas

Área 1: La integración de la biblioteca en la planificación de un programa de doctorado

Tal vez sea obvio que la biblioteca juega un papel indispensable en cualquier programa de doctorado. Por un lado, la educación doctoral es por su naturaleza un esfuerzo de aprendizaje autodirigido. Se espera que los estudiantes demuestren iniciativa y se esmeren en el aprendizaje individual a través de la investigación académica con el fin de completar una disertación (o tesis). Por otro lado, la institución anfitriona (ya sea una universidad, un seminario u otra institución) tiene el deber de proporcionar a los estudiantes todo el apoyo que necesitan, incluyendo un bibliotecario bien formado e instalaciones de estudio adecuadas, accesibles y a la altura de un programa de doctorado. La biblioteca es adonde los doctorandos irán naturalmente para recopilar información y recursos para sus investigaciones.

Principio #1: La biblioteca participa de forma destacada en la preparación del programa de doctorado

A veces las instituciones en el mundo mayoritario perciben a la biblioteca académica como un mero "acervo" de libros y recursos digitales que juega el papel limitado de proveer contenido para apoyar la enseñanza emprendida por los miembros de la facultad. Desafortunadamente, en muchas instituciones la formación profesional para los bibliotecarios no es considerada esencial, y por eso no tiene lugar en el presupuesto. Hay que resaltar insistentemente que si una biblioteca académica ha de servir a un programa de doctorado, el papel limitado de ser custodia de una colección es insuficiente.

a) **Planee para el cambio en la biblioteca**: Debido a que las necesidades de información difieren entre estudiantes de doctorado y de grado, no solo en cantidad sino en calidad, la biblioteca necesita ser parte del proceso de planificación desde la gestación del programa de doctorado. Esto ayudará a asegurar que la biblioteca esté suficientemente equipada con recursos, instalaciones y servicios antes de que se inicie el programa. La biblioteca debe adoptar un enfoque proactivo y orientado hacia afuera a fin de colaborar plena y estrechamente con otros departamentos de la institución a partir de la fase de planificación y a lo largo del desarrollo e implementación del programa de doctorado.[3] Desde el principio, la persona de enlace de la biblioteca debe ser incluida en las deliberaciones acerca de las áreas de estudio y el número de programas que se ofrecerán a nivel de doctorado, el número de estudiantes a aceptar, sus necesidades y fortalezas particulares, y el presupuesto que se asignará para los recursos y las instalaciones para dicho estudio. La atención a estas consideraciones es particularmente pertinente para el mundo mayoritario, donde muchos estudiantes de doctorado —debido a limitaciones en sus condiciones de vida y situaciones familiares— requerirán de espacios de estudio exclusivos en la biblioteca a fin de poder llevar a cabo sus investigaciones y estudiar sin interrupción.

b) **Cree un plan de desarrollo de la biblioteca**: Un plan coherente para el desarrollo de la biblioteca tendrá que formar parte de las consideraciones antes del inicio de un programa de doctorado. Esto requerirá reforzar a la biblioteca con suficiente personal, instalaciones y recursos bibliográficos para apoyar los objetivos de instrucción y los resultados de aprendizaje esperados del nuevo programa.[4] El mismo papel fundamental también ha de reflejarse en el presupuesto institucional, ya sea en términos de capacitación del personal, expansión de las colecciones de investigación, del espacio físico y de herramientas tecnológicas y de investigación adicionales, así como otras necesidades. El bibliotecario debe estar plenamente informado y ser miembro activo en las conversaciones con el director del programa de doctorado y la facultad para poder formular planes que describan los preparativos necesarios. Esto asegurará que la institución y la biblioteca teológica puedan proveerles a los estudiantes el apoyo, los materiales de investigación y las instalaciones más útiles y relevantes. Debe preceder y guiar el plan de desarrollo de la biblioteca una evaluación de su actuales recursos, de las necesidades de los estudiantes de doctorado, de los servicios disponibles y los que serán necesarias, y de opciones

---

3. La necesidad de que la biblioteca participe en la implementación del programa será tratada a lo largo de todo este documento.

4. Cf. ICETE, *Standards and Guidelines for Global Evangelical Theological Education*.

eficaces de flujo de trabajo. La biblioteca debe informar de sus actividades en las reuniones departamentales pertinentes con el propósito de coordinar esfuerzos y concientizar a los miembros de la administración del programa de doctorado de su nivel de preparación, sus necesidades y desafíos, y su disponibilidad e idoneidad para servir a los estudiantes de doctorado entrantes.

c) **Tome la iniciativa**: A veces la facultad y el director del programa de doctorado no involucran al bibliotecario en la preparación e implementación del programa de doctorado. Sin embargo, esto no debe impedir que el bibliotecario tome la iniciativa de dar a conocer cómo el personal de la biblioteca puede ser de asistencia. Estos también pueden demostrar sus habilidades particulares y su creatividad en el servicio de las necesidades de información de los estudiantes y apoyando sus proyectos de disertación. Especialmente en aquellas instituciones del mundo mayoritario donde es común la escasez de profesores docentes, una biblioteca bien preparada puede crear nuevas oportunidades y demostrar su valor para mejorar el programa aportando sus habilidades de información — que son únicas y distintivas— y apoyando la investigación de los estudiantes en sintonía con la facultad y sus departamentos.

Principio #2: La biblioteca prioriza las necesidades particulares de los estudiantes de doctorado y asigna personal para el programa de doctorado

El recorrido de cada estudiante de doctorado es único —tanto en sus temas de investigación como en los procesos— y por lo tanto, además de la expansión de las colecciones de investigación, también deben adecuarse los servicios de la biblioteca. Las necesidades particulares de un estudiante de doctorado pueden caracterizarse como: el conocimiento de la literatura y las metodologías de investigación en su área, el tiempo y los recursos adecuados, capacitación en investigación y tecnología, e interlocutores con quienes dialogar.[5] Los siguientes tres aspectos pueden ayudar a satisfacer estas necesidades.

a) **Acompañamiento**: El estudio y la investigación especializados a menudo se han caracterizado como conversaciones, y los bibliotecarios, junto con la facultad, deben ser parte de las conversaciones en las que se involucran los estudiantes de doctorado. Caminar con cada estudiante de doctorado en su investigación y atender a sus necesidades específicas de información requiere

---

5. El Apéndice 1 describe en mayor detalle las necesidades de información y los comportamientos pertinentes de los estudiantes de doctorado.

de mucho tiempo y trabajo intensivo. Ese tipo de relación a menudo implica un contacto personalizado, con entrevistas para conocer los hábitos y las estrategias de investigación del estudiante y poder asesorarle sobre mejoras —cuando corresponda. El bibliotecario trabaja en estrecha colaboración con el director del programa de doctorado (director de investigación) y participa en las actividades de orientación de los estudiantes de doctorado al inicio del programa. Esta persona, que sirve como referente para los estudiantes de doctorado y sus supervisores,[6] cumple la función de "bibliotecario de estudiantes de posgrado" (u otro título que la institución le asigne). Sus responsabilidades no se limitan al desarrollo y la gestión de la colección; en cambio, se orienta a cultivar relaciones con los estudiantes y proactivamente informarles de los recursos académicos, servicios de información, bases de datos, herramientas de investigación y actualizaciones de publicaciones disponibles. El bibliotecario bien capacitado abordará temas de particular relevancia para los estudios de doctorado, como la redacción académica, y ayudará a crear redes y contactos entre los estudiantes para compartir información e ideas. Los bibliotecarios también han de fomentar el diálogo y el intercambio entre estudiantes e investigadores. El bibliotecario está anuente, con consistencia y creatividad, a concebir nuevos roles para interactuar y apoyar las investigaciones de los estudiantes, ya sea a través de asesoramiento y consejos, respuestas a consultas, demostraciones personales o capacitaciones innovadoras.

b) **Orientación**: La acelerada producción de nuevos materiales de investigación y la rapidez de los avances tecnológicos, que resultan en cambios en comportamientos y procedimientos de investigación, generan confusión en estudiantes que regresan a un programa de doctorado después de una pausa en sus estudios. El bibliotecario, estratégicamente, busca facilitar el uso de las nuevas tecnologías organizando sesiones de capacitación y talleres. Esto a menudo consume mucho tiempo y requiere de su participación directa en entrenamientos individualizados dónde y cuándo se necesitan. Dado que gran parte del trabajo de los estudios de doctorado se hace bajo mucha presión de tiempo, el bibliotecario necesita ayudar a que los estudiantes (y los supervisores) sean competentes en el uso de las tecnologías de búsqueda y el acceso a los recursos. Estas necesidades implican que el bibliotecario debe equiparse y desarrollarse continuamente en su profesión, y estar bien familiarizado con los nuevos recursos y habilidades de investigación para proveer orientación

---

6. Para más ejemplos de los roles y las funciones del personal de la biblioteca refiérase al Área 4, a continuación.

confiable a los estudiantes en torno a los últimos avances. Debido a la escasez de recursos, los bibliotecarios desarrollan formas creativas de ayudar a que los estudiantes encuentren aquello que es vital para su labor.

c) **Bibliotecario doctoral**: No a todas las instituciones teológicas del mundo mayoritario les será posible contratar personal adicional de biblioteca al momento de planificar el lanzamiento de un programa de doctorado. Sin embargo, a la hora de elaborar el presupuesto del programa debe ser una consideración esencial. A veces será posible encomendarle a un bibliotecario que ya es parte del plantel la responsabilidad de prestar servicios a los estudiantes de doctorado, y ayudarle a desarrollar las competencias necesarias para satisfacer las necesidades particulares del nuevo programa. Esta persona debe ser nombrada durante la etapa de planificación del programa de doctorado a fin de establecer un abordaje estratégico —enfocado en el apoyo de la biblioteca a los estudiantes de doctorado y sus supervisores— compartido y consensuado entre el liderazgo académico y el de la biblioteca.

Contar con los servicios de un bibliotecario de dedicación especial aumentará la probabilidad de éxito de un programa de doctorado. Dicho bibliotecario especial estará disponible de forma presencial o electrónica para orientar a los estudiantes en su recorrido por la variedad de recursos, herramientas de investigación y tecnologías que se encuentran en la biblioteca y en Internet. Es preferible que esta persona tenga entrenamiento profesional, ya sea mediante educación formal o por experiencia práctica en el cargo, y que tenga una sólida comprensión de las necesidades de investigación, los desafíos y las incertidumbres comunes entre los estudiantes de doctorado.

Área 2: Alianzas y colaboraciones

El nivel de excelencia de la educación a nivel de doctorado depende en gran medida de la calidad y la eficiencia de los servicios bibliotecarios y de la disponibilidad de los recursos académicos requeridos. Sin embargo, ninguna biblioteca teológica, y menos si pertenece a una institución teológica del mundo mayoritario, puede decir que está suficientemente equipada para cubrir todas las necesidades de investigación especializada de los estudiantes de doctorado y de los miembros de la facultad. No pueden funcionar en forma aislada. Por eso las bibliotecas dependen no solo de la colaboración estratégica y confiable dentro de la institución, sino también de las alianzas con entidades externas a la organización. Como ya se ha dicho, las bibliotecas colaboran con los profesores, supervisores y administradores de programas dentro de la institución para beneficio mutuo. También activamente buscan establecer alianzas con otras bibliotecas académicas y teológicas a nivel local e internacional. En la actual era digital las necesidades de información de los estudiantes de investigación son más complejas, dinámicas y siempre cambiantes. A la vez, las posibilidades de cooperación también se han ampliado.

Principio #3: La biblioteca colabora con la facultad en áreas relacionadas con la investigación

Los miembros de la facultad desempeñan un papel esencial en el desarrollo de la biblioteca y de sus servicios para los programas de doctorado. Puesto que tienen un conocimiento profundo de sus campos, con sus recomendaciones y contribuciones pueden empoderar a la biblioteca respecto a la calidad de sus adquisiciones, el desarrollo de habilidades de investigación, y la mejora de sus servicios. Las siguientes áreas ofrecen buenas oportunidades para que la biblioteca desarrolle colaboraciones con la facultad.

a) **Desarrollo de planes de estudio**: Como se indicó en los principios del Área #1, un bibliotecario debe formar parte del equipo de desarrollo curricular y estar al tanto de todas las decisiones curriculares. Tal compromiso ayuda al bibliotecario a evaluar la idoneidad y suficiencia de los recursos existentes para apoyar el plan de estudios, y a mejorar las colecciones de la biblioteca en respuesta a nuevas iniciativas y programas próximos a implementarse. Los bibliotecarios contribuyen conocimientos adicionales en torno a la disponibilidad y accesibilidad de los recursos, preparan presupuestos para obtener la financiación adecuada y aportan sugerencias para mejorar constantemente los servicios.

b) **Desarrollo de colecciones**: Los miembros de la facultad no solo son consumidores de información, son también creadores y divulgadores de información. El conocimiento y el apoyo de los miembros de la facultad ayudan a que la biblioteca pueda desarrollar recursos de investigación útiles y relevantes. En particular, los programas de doctorado necesitarán del input específico de la facultad para adecuar los recursos impresos y electrónicos a estos cambios curriculares. El director y la facultad de cada departamento, junto con el director de investigación (que coordina el programa de doctorado), serán responsables de evaluar con regularidad los recursos de la biblioteca que están disponibles para su departamento, a fin de ofrecer recomendaciones de nuevas adquisiciones y criterios para la eliminación de recursos que hayan disminuido en valor.

c) **Desarrollo de habilidades de investigación** (educación de usuarios y alfabetización informática): Cuanto más cómodos se sienten los estudiantes de doctorado con sus habilidades de investigación y búsqueda bibliográfica, más eficiente será su uso de los recursos y servicios bibliotecarios. El programa de educación de usuarios de la biblioteca debe diseñarse en consulta y cooperación con los supervisores y miembros de la facultad que participan en el programa de doctorado. Este tipo de cooperación continua aprovecha, para beneficio mutuo, el conocimiento y las habilidades de la facultad. A la facultad, por su parte, le corresponde mejorar la conciencia entre los estudiantes de que la biblioteca es su aliado. Los miembros de la facultad son muy buenos divulgadores de los servicios y las colecciones de la biblioteca. Durante las sesiones de capacitación y los talleres, los miembros de la facultad pueden ofrecer información sobre la calidad de los recursos de la biblioteca para cada departamento, sugerir métodos de búsqueda efectiva y utilización de la información, y guiar a los estudiantes de doctorado hacia recursos específicos para su investigación que están más allá de la biblioteca local. En consulta con la facultad, se pueden crear sesiones de capacitación especializadas para cada departamento y curso. Estas iniciativas colaborativas son de beneficio mutuo para los bibliotecarios y los miembros de la facultad.[7]

d) **Coordinación de visitas de investigación**: Los supervisores y los miembros de la facultad son especialistas en sus áreas, y pueden proveer orientación para organizar visitas de investigación de los estudiantes de doctorado a otras bibliotecas que posiblemente estén mejor dotadas de recursos en un área específica de investigación. A través de sus redes, los profesores también están equipados para conectar a los estudiantes con especialistas externos. A menudo los bibliotecarios son miembros de múltiples redes y pueden aprovechar sus relaciones personales y profesionales con colegas de otras instituciones para el mismo fin. El esfuerzo mutuo de bibliotecarios y profesores a fin de planificar y organizar la visita de un estudiante a la biblioteca de otra institución contribuirá en gran medida a la eficiencia y el éxito de su trabajo investigativo.

Principio #4: La biblioteca colabora con otras bibliotecas a nivel local e internacional

a) **Préstamos interbibliotecarios (PI)**: Ninguna biblioteca está completamente financiada ni plenamente dotada de los recursos necesarios para estudios de doctorado especializados. En el mundo mayoritario, las bibliotecas teológicas

---

7. Encontrará más sobre esto en el Principio #15.

enfrentan el reto de satisfacer las necesidades de investigación e información de sus usuarios en un contexto de presupuestos insuficientes. Para superar la escasez de recursos de investigación y poder administrar de la mejor manera los recursos financieros disponibles, las bibliotecas teológicas que sirven a los estudiantes de doctorado deben colaborar con otras bibliotecas a través de redes, préstamos interbibliotecarios (PI) y otros convenios de intercambio de recursos.

Hay una serie de modelos vigentes que son dignos de emular. Una biblioteca teológica puede aunar esfuerzos con otras bibliotecas teológicas en la región y formar una red cooperativa de beneficio mutuo. El Joint Library Committee (JLC, Comité Conjunto de Bibliotecas) en Bangalore, India,[8] es un modelo colaborativo que tiene más de treinta años. En el ámbito de las bibliotecas teológicas del mundo mayoritario es una de las redes más exitosas. En la actualidad, dieciocho bibliotecas teológicas de Bangalore son miembros del JLC. Los afiliados a una de las bibliotecas participantes pueden pedir prestado libros y artículos de las otras bibliotecas. En conjunto, el JLC tiene un catálogo de más de 200.000 registros bibliográficos. Los estudiantes y miembros de la facultad pueden pedir prestado libros, artículos y tesis a través del Préstamo Interbibliotecario (PI) y por un período específico.

Los convenios de PI con bibliotecas estatales y de otras universidades e instituciones ayudan a que las bibliotecas inviertan sus fondos con sensatez y se beneficien de pedir prestados (en lugar de comprar) libros o revistas de alto costo. Las bibliotecas teológicas pueden así concentrarse en desarrollar sus colecciones principales y obtener de otras bibliotecas los recursos que necesitan más infrecuentemente. La redacción clara de normativas para los préstamos entre bibliotecas, la consideración de las restricciones legales y la asignación presupuestaria de las finanzas necesarias para pagar los servicios de PI, aportan a la viabilidad de este tipo de redes. Las bibliotecas que reciben los préstamos son plenamente responsables de la cuidadosa devolución de los libros y aceptan pagar los costos de reemplazo en caso de pérdida o daño.

b) **Servicio de Obtención de Documentos (SOD; en inglés, DDS —Document Delivery Service):** El uso de Internet ha revolucionado la forma en que se obtiene y entrega información. El compartir recursos se hace más fácil en la medida en que las bibliotecas están conectadas a Internet. Se pueden diseñar convenios con bibliotecas teológicas a nivel internacional para la adquisición de capítulos de libros y artículos de revistas. Es posible que el primer contacto

---

8. http://jlcbangalore.in.

entre la biblioteca del mundo mayoritario y la biblioteca internacional tenga que iniciarlo la administración de la institución, el director del programa de doctorado, un miembro de la facultad, o un supervisor, a fin de negociar un acuerdo.

Las bibliotecas que participan en estas redes de obtención de documentos adoptan diversas soluciones basadas en las TIC (Tecnologías de la Información y la Comunicación) para compartir artículos, capítulos de libros y otros materiales dentro de la red. Una buena conexión a Internet y un escáner juegan un papel crítico (también a menudo se utilizan aplicaciones de teléfonos móviles). Contar, además, con una dirección de correo electrónico de uso exclusivo ayudará en el seguimiento de las solicitudes de los usuarios y de su gestión y reparto. Se recomienda que los usuarios no se comuniquen directamente con las otras bibliotecas para gestionar su solicitud, sino que siempre la canalicen a través de un bibliotecario. Un mensaje de correo electrónico personalizado con una copia escaneada del artículo será enviada electrónicamente a la biblioteca solicitante, y finalmente al estudiante de doctorado.

Cuando se comparten materiales con derechos de autor, el bibliotecario debe asegurarse de que se respetan los derechos de propiedad y regímenes de licencias, y que no se produzca ninguna infracción. Esto es importante en contextos internacionales ya que diferentes países tienen diferentes restricciones relacionadas con los derechos de autor. Siempre es recomendable incluir una página con información de derechos de autor al final de cada copia escaneada de un artículo o capítulo para alertar al usuario que el material es exclusivamente para uso personal y educativo. Cada biblioteca participante tendrá que orientar a sus usuarios en materia de derechos de autor y asegurarse de que los materiales con derechos de autor no sean compartidos o publicados indiscriminadamente en sitios públicos.

Área 3: Desarrollo y gestión de colecciones

Una biblioteca es más que un depósito de libros. Según el *Diccionario Cambridge*, una biblioteca es "un edificio, una sala u organización con una colección, especialmente de libros, que las personas pueden leer o pedir prestado, por lo general sin costo". En este ámbito, nos interesan ambos aspectos de la definición de una biblioteca: (1) el uso y la accesibilidad de los libros, y (2) la naturaleza de la colección y la mejor manera de gestionarla. Abordaremos estas dos cuestiones con varios principios que explican la mejor manera de servir a los estudiantes de doctorado mediante la colección de la biblioteca y su uso.

Principio #5: La colección de la biblioteca sirve a los planes de estudio, incluyendo el programa de doctorado

La colección de una biblioteca existe precisamente para apoyar los planes de estudio de la institución de educación teológica; el programa de doctorado no es la excepción. Esto significa que una institución teológica no puede iniciar un programa de doctorado sin haber preparado una colección adecuada para la investigación. Aunque haya acuerdos de cooperación con otras bibliotecas para PI (préstamos interbibliotecarios) o SOD (servicios de obtención de documentos), una institución no puede depender únicamente de esos recursos para cubrir las necesidades de información del nuevo programa. Como recurso para el aprendizaje, el enfoque de la colección debe ser específico y adecuado a los cursos que se imparten y los temas que se investigan. Esto significa que la creación de nuevos cursos o programas necesitarán de una considerable inversión financiera en la biblioteca a fin de llevar las áreas específicas definidas por los nuevos programas al nivel requerido. Si se hacen cambios en los planes de estudio sin una inversión en los recursos de la biblioteca, se daña tanto el programa como la calidad del apoyo de la biblioteca al aprendizaje. Los planes de estudio y la biblioteca deben estar plenamente integrados. Una política de desarrollo de colecciones bien diseñada demostrará este punto de manera clara para el liderazgo de la institución.

Principio #6: El desarrollo y la gestión de la colección se rigen por políticas documentadas

a) **Justificación**: Cada biblioteca debe tener una política de desarrollo de colecciones escrita por el personal de la biblioteca, discutida con y avalada por la facultad y el liderazgo de la institución. Este documento, que rige las decisiones de adquisición, hace que los recursos de la biblioteca sean más visibles para la facultad y permite que el liderazgo de la institución entienda cómo funciona la biblioteca. Presenta un argumento a favor de las necesidades (financieras) de la biblioteca en el contexto de los planes de estudio. La presencia de tal documento dará lugar a que la biblioteca sea un participante activo en las conversaciones que impactan la planificación y la implementación de un programa de doctorado en la institución.

b) **Contenido**: Es aconsejable establecer una política de desarrollo de colecciones acorde con las directrices desarrolladas a tal efecto por la Sección de Adquisición y Desarrollo de las Colecciones de la Federación Internacional de Asociaciones de Bibliotecarios y Bibliotecas (IFLA, por su sigla en inglés), disponible en línea en inglés, francés, italiano, ruso, español y árabe.[9] El documento explica las complejidades de la redacción de políticas de desarrollo de colecciones e ilumina cómo debe ser la colección de una biblioteca.

La política escrita debe incluir una declaración de la misión de la biblioteca, una breve indicación de quiénes son los usuarios previstos, una declaración de los programas educativos servidos, y una descripción de la colección tal como es, y cómo el presupuesto de adquisiciones de la biblioteca dará cabida a, y reforzará, los diversos tipos de recursos. Además, el documento debe contar con un plan para el desarrollo de la colección: tipo de recursos, en qué idiomas y formato, y las limitaciones en cuanto a temática, disciplinas especiales o áreas que recibirán atención. La política de desarrollo de colecciones también ha de incluir una sección sobre el manejo de donaciones (política de donaciones), y debe describir el proceso y los criterios para la evaluación y el descarte de materiales (política de descarte). La documentación debe incluir un cronograma para su revisión y actualización. El documento de la IFLA contiene además varias herramientas de medición para definir el alcance actual de una colección.

Principio #7: La política de desarrollo de la colección hace énfasis en las adquisiciones para el programa de doctorado

Una política de desarrollo de colecciones identifica áreas de interés para la biblioteca teológica local. Es esencial también que se dedique algún espacio a las necesidades de los estudiantes de doctorado, que requerirán recursos diferentes que los estudiantes de grado y posgrado (por ejemplo, manuales sobre métodos de investigación y monografías especializadas). Estas necesidades deben ser detalladas y definidas en la política de desarrollo de colecciones, con el fin de hacer previsiones financieras para adquisiciones especiales relacionadas con los programas de doctorado. La política de desarrollo de colecciones puede compartirse con posibles donantes para así incluirlos en el desarrollo de la biblioteca y la adecuación de sus recursos.

---

9. Ver IFLA, "Guidelines for a Collection Development Policy Using the Conspectus Model," https://www.ifla.org/files/assets/acquisition-collection-development/publications/gcdp-en.pdf. En español, "Directrices para una política de desarrollo de las colecciones sobre la base del modelo conspectus", https://repository.ifla.org/handle/123456789/55

Es una buena práctica apartar un cierto porcentaje del presupuesto de adquisiciones para las solicitudes de compra de los estudiantes de doctorado. Por supuesto que no todo se puede adquirir. De todos modos, con la compra de libros requeridos para investigaciones individuales, la biblioteca reúne información sobre necesidades que se repiten, lanzamientos nuevos o importantes en áreas de investigación específicas, y títulos no disponibles a través de PI. Disponer de fondos específicos para estas necesidades facilita el trabajo de los estudiantes de doctorado y de los supervisores. Por ejemplo, el monto apartado para las adquisiciones pedidas por los estudiantes de doctorado podría ser un porcentaje del presupuesto o una cantidad fija que equivalga al costo de uno (o más) libro(s) por estudiante de doctorado por año.

Principio #8: La biblioteca provee acceso a recursos impresos y electrónicos

a) **El equilibrio entre recursos impresos y electrónicos**: La política de desarrollo de colecciones ha de establecer los criterios de la biblioteca para la adquisición y la gestión de los recursos impresos y electrónicos. El modelo estándar de biblioteca aún consiste en una amplia colección de recursos impresos, con recursos electrónicos limitados. Esto crea problemas para muchas instituciones teológicas del mundo mayoritario que se esfuerzan por ofrecer y servir un programa de doctorado. Si bien es imperativo desarrollar una sólida colección impresa de obras indispensables, el acceso electrónico a recursos pertinentes es vital durante los estudios de doctorado. Por tanto es necesario explorar vías para adquirir el acceso a recursos electrónicos. Ya que los estudiantes de investigación suelen estar a cierta distancia geográfica de la institución, a menudo la colección física es de valor limitado para ellos. Por consiguiente, prefieren la accesibilidad de los recursos electrónicos de texto completo disponibles de forma remota.

b) **Problemas de accesibilidad**: Las bibliotecas en el mundo mayoritario tienen diferentes circunstancias y condiciones de infraestructura tecnológica para el acceso (garantizado) a los recursos electrónicos. Algunos contextos no tendrán una red eléctrica confiable o suficiente ancho de banda de Internet. La institución teológica y su biblioteca tendrán que encontrar soluciones creativas: acceso eléctrico estable y confiable, buena capacidad de WiFi, facilidades para copiado y escaneado, escritorios con computadoras (aunque la tendencia es a usar cada vez más los teléfonos móviles y las tabletas), y unidades de memoria USB con recursos y lectores para accesarlos (en el marco de las regulaciones existentes de derechos de autor).

c) **La compra de colecciones digitales o la creación de colecciones digitales propias**: En la mayoría de los casos, será financiera y legalmente imposible que una institución del mundo mayoritario establezca su propia colección digital, y que esta sea suficiente para los estudios de doctorado. Pero una colección digital limitada (creada en el marco de los reglamentos vigentes de derechos de autor) podría ser viable. Para garantizar que su uso sea prolongado y eficaz, la creación de una colección de este tipo debe estar bien planificada e implementada con las últimas tecnologías.

Hay varias colecciones de libros digitales y revistas electrónicas que se pueden comprar o usar con licencia, aunque son bastante costosas. En caso de que una biblioteca decida adquirir recursos digitales, puede priorizar la inversión en libros digitales relevantes, con la esperanza de poder acceder a artículos de revistas mediante los PI o convenios de SOD (Servicios de Obtención de Documentos).

d) **Cooperación con emprendimientos existentes**: Cuando se dispone de recursos financieros, es conveniente buscar iniciativas de cooperación con instituciones afines para establecer una biblioteca conjunta en línea. Un excelente ejemplo es el Theological Libraries Ebook Lending Project.[10] Otra posibilidad es la Digital Theological Library,[11] y su alternativa Global Digital Theological Library, muy accesible para instituciones teológicas del mundo mayoritario.[12] Estos también pueden servir como modelos de lo que se podría establecer en el contexto propio.

Sin embargo, existen otras opciones razonables para obtener acceso a recursos digitales. La falta de financiamiento no debería ser un obstáculo insuperable:

1) Recursos de acceso abierto: Se anima a que los estudiantes abran una cuenta en Open Access Digital Theological Library.[13] Este recurso está patrocinado por un grupo internacional de instituciones de educación teológica y está disponible de forma gratuita para estudiantes de teología de todo el mundo. Al momento de escribirse este libro, ya incluye más de 200.000 libros digitales. A medida que se siga desarrollando el rubro de publicaciones de acceso abierto,

---

10. Programa de préstamo de ebooks de ATLA: https://www.theologicalebooks.org/opac/#index.

11. DTL, http://www.digitaltheologicallibrary.org.

12. Global Digital Theological Library, https://globaldtl.org.

13. OADTL, https://oadtl.org.

la OADTL seguirá catalogando nuevos contenidos de alta calidad. Para revistas existen otros recursos, como el Directory of Open Access Journals.[14] Hay muchas otras colecciones de acceso abierto disponibles en línea. Uno particularmente útil está disponible en el sitio web de las Bibliotecas de la Universidad de Duke.[15] También hay disponibles varias colecciones de disertaciones de acceso abierto.[16] La biblioteca local debe crear una página web, o tener una presencia en el sistema de gestión de aprendizaje de la institución (Moodle, Blackboard, etc.), donde pueda poner a disposición de los estudiantes los enlaces a todos estos recursos.

2) Contactos internacionales: El bibliotecario necesita tener buenas relaciones de trabajo con bibliotecarios de instituciones afines, posiblemente internacionales, con acceso electrónico confiable. Esto hará más fácil coordinar (formal e informalmente) los préstamos (PI) y la obtención de documentos (SOD). La mayoría de las bibliotecas están anuentes a proveer escaneos de artículos o capítulos de libros para estudiantes de doctorado. La biblioteca debe esmerarse por encontrar todas las opciones posibles para que los estudiantes de doctorado puedan participar en la conversación académica global.

3) Visitas de investigación a otras bibliotecas: Incluso antes de implementar un programa de doctorado, es útil identificar bibliotecas cercanas con buenas colecciones de investigación, para recurrir a ellas cuando sea necesario y animar a los estudiantes de doctorado a pasar tiempo investigando allí. Es posible que los estudiantes necesiten pasar algunas semanas en el extranjero en una institución afín que cuente con colecciones impresas y digitales más amplias. Quizás sea posible colaborar con el liderazgo de la institución anfitriona, o con socios interesados, a fin de crear un fondo de becas para viajes y alojamiento en dichas bibliotecas de investigación.

---

14. DOAJ, https://doaj.org.

15. Duke University Libraries, https://guides.library.duke.edu/openreligion/.

16. http://www.opendissertations.org; http://www.oatd.org; and http://www.dart-europe.eu.

Principio #9: La biblioteca fomenta la accesibilidad y el intercambio mediante el uso de un sistema de clasificación reconocido y un catálogo en línea

Una sala llena de libros solo es útil cuando hay una manera de encontrar el tomo que uno necesita. Por esta razón, es esencial usar un sistema de clasificación que sea reconocido internacionalmente. Algunos países tienen un sistema de clasificación nacional (o regional) ya establecido. Si no es el caso, o si por algún motivo se considera inadecuada la clasificación nacional, existen dos opciones internacionales ampliamente aceptadas: la Clasificación de la Biblioteca del Congreso (LCC, por su sigla en inglés) y la Clasificación Decimal Dewey (CDD). El sitio web de Classify dispone de asistencia para la clasificación (principalmente consiste de recursos en inglés).[17] El uso de un sistema de clasificación ampliamente aceptado permite que la biblioteca descargue registros bibliográficos y se ahorre el tiempo de catalogación, y prepara a los estudiantes para que, durante sus viajes internacionales de investigación, puedan hacer búsquedas más eficientes en bibliotecas que usan el mismo sistema o un sistema similar.

La mayoría de los sistemas profesionales de gestión de biblioteca (LMS, por su sigla en inglés) ofrece un catálogo en línea accesible y público. A menudo estos también son compatibles con tecnologías móviles. El acceso con dispositivos móviles es indispensable si una institución teológica tiene estudiantes que estudian a distancia. Un catálogo en línea que tenga catalogados tanto los recursos impresos como los digitales facilita que los usuarios, con una búsqueda "unificada", puedan encontrar los recursos disponibles en la biblioteca y/o acceder a los recursos digitales de forma remota. El costo de las licencias para la mayoría de los paquetes comerciales de LMS es prohibitivo, por lo que en muchos casos es necesario usar alternativas de código abierto como Koha o Evergreen.[18] Las soluciones de código abierto se pueden descargar y usar de forma gratuita, pero a menudo requieren de personal de soporte especializado. Aunque los bibliotecarios pueden desarrollar cierta pericia en

---

17. Ver Classify, http://classify.oclc.org/classify2. Puede encontrar amplia documentación (en inglés) sobre la clasificación LC (LCC), en el siguiente enlace: https://www.loc.gov/aba/cataloging/classification/. Para la clasificación CDD, se recomienda el manual (de 4 tomos): http://www.worldcat.org/oclc/907324722 o la versión abreviada, de un solo tomo: http://www.worldcat.org/oclc/1089910521. Puede encontrar documentación en línea del sistema DDC en WebDewey (https://www.oclc.org/es/dewey/webdewey.html), aunque el costo de una suscripción puede ser prohibitivo. Contar con un ejemplar impreso del manual acaba con la indispensabilidad del recurso digital.

18. Koha (http://www.koha.org); Evergreen (http://www.evergreen-ils.org).

la operación de estos LMS, la instalación y el mantenimiento suelen estar más allá del alcance habitual de sus habilidades.

Área 4: Los roles del personal de la biblioteca

Como se mencionó en el Área #1, la biblioteca es parte integral de una institución educativa y ha de participar plenamente en el desarrollo y la implementación de los programas de doctorado. Esto, muy posiblemente, habrá de incluir una revisión y/o reevaluación de su rol. A menudo pareciera que la facultad percibe el papel de una biblioteca teológica meramente como un apoyo a la enseñanza y el aprendizaje,[19] pero esta definición no es suficiente para servir a los programas de doctorado. La realidad es más compleja, y las bibliotecas pueden y deben desempeñar múltiples y variados roles en el proceso educativo, a todos los niveles. Además de proveer acceso a recursos impresos y digitales y espacio físico para estudiar, los bibliotecarios facilitan las actividades de investigación, ofrecen servicios de referencia, educan a través de cursos de alfabetización informática, y sirven de consultores en muchas otras áreas relacionadas con la investigación y el ámbito de las publicaciones. Sin embargo, la capacidad de ofrecer estos servicios depende directamente del número y la formación del personal bibliotecario y de la visión que tienen la institución y el personal de la biblioteca para su(s) rol(es).

Principio #10: La institución dispone de suficiente personal cualificado para la biblioteca

Las instituciones de educación teológica en el mundo mayoritario presentan realidades muy diversas con respecto al número y la formación del personal de la biblioteca. Algunas tendrán uno o más bibliotecarios capacitados; en otras, los bibliotecarios tendrán que desarrollar las habilidades necesarias "sobre la marcha". Una institución que planifica tener, o que ya tiene en operación, estudios de nivel de doctorado tendrá que hacer un esfuerzo consciente y concertado para asegurar que la biblioteca esté suficientemente equipada para

---

19. El informe de la investigación Ithaka S+R de 2017 (Cooper & Schonfeld, "Supporting the Changing Research Practices of Religious Studies Scholars", 41), señala que los profesores de la facultad a menudo creen —erróneamente— que la biblioteca solo influye en los estudiantes de grado y en las actividades de enseñanza, pero que no tiene incidencia en la investigación, ni es relevante para las necesidades de los estudiantes de doctorado.

este tipo de programa, no solo en cuanto a recursos, sino también con personal debidamente cualificado.[20]

En términos de habilidades y formación, el bibliotecario principal debe tener, preferentemente, un título académico tanto en Teología como en Bibliotecología, un buen conocimiento de la literatura teológica, y buena pericia tecnológica. Aunque no sea el caso cuando la institución comienza a planificar para un programa de doctorado, es esencial que el bibliotecario activamente desarrolle sus conocimientos y habilidades en cada una de estas áreas. Además de las cualidades profesionales, el personal de la biblioteca debe tener una espiritualidad madura y contar con habilidades de comunicación efectiva y de resolución de problemas. El personal de la biblioteca interactúa con diversos grupos del campus, como profesores, personal del área tecnológica (TICs), estudiantes de doctorado e investigadores externos. Deben ser capaces de tomar la iniciativa, tener un profundo criterio de "sentido común", trabajar de forma independiente y colaborativa, y mostrarse flexibles y creativos para adaptarse a diferentes situaciones. Algunas de estas cualidades se describen abajo en más detalle.[21]

Principio #11: El personal de la biblioteca enfatiza de manera consistente una "cultura de servicio", y continuamente busca mejorar su orientación al usuario

a) **Orientación centrada en el servicio**: Puede parecer redundante enfatizar la necesidad de un enfoque centrado en el servicio en una biblioteca, que, por definición, es una institución de servicio. Pero, dadas las muchas presiones y expectativas que enfrentan los bibliotecarios en instituciones teológicas del mundo mayoritario —por ejemplo, la falta de personal y finanzas, el aislamiento y las pocas posibilidades para el desarrollo profesional, desarrollos tecnológicos extremadamente rápidos que necesitan ser dominados para mantener las cosas bajo control— a veces existe la tentación de aislarse del mundo exterior y dedicarse solo a cumplir con las tareas de oficio. Es importante hacer memoria, con regularidad, de la actitud y la orientación que forman parte de la vocación de ser bibliotecarios; es decir, dejar atrás una actitud focalizada en

---

20. Definitivamente habrá diferencias, según el contexto, en cómo se define "suficiente" y "cualificado". La institución necesita acatar las prácticas y normas del país donde se encuentra.

21. Ver también la caracterización que hace Jim Dunkley de un bibliotecario teológico: "debe tener un sentido de la teología como un todo, un sentido de la iglesia, un sentido de la comunidad académica, y un sentido del cuidado de las personas" (Dunkley, 230-31). Habrá bastante variación en el modo y el grado de participación en estas áreas —debido a diferencias de personalidad y de labores—, pero es vital una clara dedicación a cada una de las cuatro áreas.

lo administrativo y centrarse en las personas y sus necesidades de información. Desde el liderazgo académico y de la biblioteca debe promoverse un equilibrio entre la orientación al cumplimiento de objetivos y la orientación hacia las personas, y crearse un entorno que fomente ambas.

b) **Orientación al usuario**: Los bibliotecarios han sido descritos como personas que abren puertas y facilitan las conexiones. Sus servicios incluyen conectar: (1) personas (estudiantes de doctorado) con recursos (en todos los formatos y lugares), (2) personas con personas (estudiantes de doctorado con académicos, conferencias, y otras comunidades de aprendizaje relevantes), y (3) personas con tecnología (conociendo y promoviendo tecnologías que podrían ser útiles para los estudiantes de doctorado en sus procesos de investigación). Para poder gestionar todos estos servicios, el bibliotecario tiene que entender las necesidades, los antecedentes culturales y los hábitos de investigación de los estudiantes de doctorado que usan la biblioteca. Al mismo tiempo tiene que estar plenamente al tanto de cuáles tecnologías y recursos —tanto digitales como impresos— están disponibles y accesibles, así como también debe estar actualizado sobre las comunidades de investigación y las oportunidades para becas. La biblioteca está bien arraigada a nivel local y contextual —lo cual se refleja en el desarrollo de la colección, en los servicios ofrecidos y en los patrones de comunicación— y, a la vez, abierta a lo que está sucediendo a nivel global.

Los bibliotecarios —a veces más que los supervisores institucionales— se convierten en los catalizadores ideales del proceso de investigación. Son personas que trabajan en red y que han adoptado un enfoque orientado a la necesidad, que detectan vacíos y los resuelven con su singular conjunto de habilidades. La biblioteca funciona un poco como lugar de encuentro y conexión ya que planifica, o contribuye a, actividades que hacen posible la existencia de comunidades de aprendizaje y facilitan el intercambio de descubrimientos e investigaciones. Por estas razones, la biblioteca necesita enfocarse hacia afuera en lugar de hacia adentro, con su personal bien conectado con las oficinas y departamentos relevantes en la propia institución, así como en red con una serie de contactos internacionales para los PI y el intercambio de recursos.

Principio #12: El personal de la biblioteca participa de manera continua en el aprendizaje permanente y el desarrollo profesional

a) **Estatus académico**: Las bibliotecas teológicas en el mundo mayoritario presentan realidades muy diversas con respecto al número y el estatus profesional de su personal. Si bien hay un bibliotecario teológico "ideal", con títulos en Teología, Bibliotecología y Tecnología, en realidad, esta aspiración es difícil de lograr. Son obvios los beneficios de contar con un bibliotecario con formación profesional, especialmente si se reconoce su rol como educador y catalizador de investigación. La institución hará bien en luchar por este objetivo y por los resultados que implica.

Los bibliotecarios con formación académica pertinente y capacidad de investigación son plenamente merecedores de un estatus académico acorde al de la facultad. Tales credenciales académicas los hace colegas del personal docente y les permite participar activamente en todas las funciones relevantes, incluyendo la enseñanza de cursos pertinentes, especialmente aquellos relacionados con la investigación.

b) **Aprendizaje permanente**: Hemos enfatizado la necesidad de que cada miembro del personal de la biblioteca se comprometa con su propio desarrollo continuo. El personal enfrenta cambios tecnológicos rápidos y profundos, cambios en los formatos de publicación, diversos modelos de negocio de recursos digitales, y avances en las modalidades educativas, y todos ellos tienen sus efectos en la biblioteca. Por eso es de importancia crítica que el personal de la biblioteca se mantenga al tanto de las últimas novedades. Todos deben participar en el intercambio profesional con sus pares, por lo que es necesario fomentar la participación en conferencias de bibliotecarios a nivel local e internacional, y en asociaciones de bibliotecas. Las escuelas de Bibliotecología en el mundo mayoritario no son muy ágiles en desarrollar cursos en línea, ni en adaptar sus planes de estudio a los desarrollos tecnológicos y a los cambios en la filosofía de los servicios bibliotecarios. Pero donde hay acceso a capacitación en bibliotecología a distancia o en línea, tales cursos pueden aportar a la formación profesional del bibliotecario sobre la marcha.

c) **Intercambio local e internacional**: La cooperación y el intercambio entre bibliotecarios de bibliotecas teológicas en el mundo mayoritario que apoyan programas de doctorado también enriquecen el desarrollo profesional. A menudo los bibliotecarios de otras instituciones han enfrentado desafíos y presiones similares y han desarrollado soluciones creativas para cumplir mejor con su vocación. Estas innovaciones pueden adaptarse a otros contextos. La experiencia y pericia del personal pueden difundirse a través de programas de intercambio de personal. Las bibliotecas del mundo mayoritario a menudo enfrentan una escasez de personal capacitado. El intercambio de personal ofrece oportunidades para que esas bibliotecas accedan a la ayuda de bibliotecarios capacitados de otras instituciones. Una dinámica de intercambio profesional de este tipo puede organizarse con un acuerdo mutuo entre instituciones.

Los mentores profesionales, con quienes los bibliotecarios del mundo mayoritario puedan relacionarse, son una buena fuente de estímulo y crecimiento. Tales personas consideran su vocación como un ministerio y están listos para servir a otros a fin de aportar al florecimiento de la educación teológica en otros países. Muchas veces están dispuestos a viajar, o a consultar a la distancia, para trabajar a la par de las personas que han sido nombradas como bibliotecarios. Sus aportes habitualmente combinan capacitación y mentoría.

Área 5: Alfabetización informática en programas de doctorado

Definición: La alfabetización informática puede definirse como el conjunto de habilidades y competencias necesarias para localizar, evaluar y utilizar información de forma ética y eficaz. Está estrechamente relacionada con el uso de computadoras, las habilidades de investigación y de búsqueda bibliográfica, y el pensamiento crítico; es decir, combina habilidades prácticas y habilidades y hábitos del pensamiento.

Existe la suposición general de que los estudiantes a nivel de doctorado, habiendo sido instruidos en el uso de la biblioteca en niveles anteriores, ya están familiarizados con la búsqueda y el uso de los recursos de información disponibles en cualquier biblioteca y en Internet. También, a menudo se supone que estos estudiantes han desarrollado adecuadamente sus habilidades de investigación y sus destrezas tecnológicas. Sin embargo, le realidad para muchos estudiantes de doctorado en Teología en el mundo mayoritario es que inician estos estudios mucho después de completar un programa de maestría. Las prácticas y los hábitos de investigación habrán cambiado considerablemente desde entonces, debido a los rápidos avances tanto a nivel tecnológico como en la disponibilidad de recursos digitales. La mayoría de los estudiantes de doctorado se inscriben en una institución diferente a la que asistieron para su maestría (a menudo en otro país), por lo que no estarán familiarizados con la biblioteca de la nueva institución.

La alfabetización informática y la destreza investigativa son componentes críticos para equipar a los estudiantes con los enfoques y habilidades necesarios para que sean eficaces como buscadores, evaluadores y usuarios de información. Estas herramientas también son esenciales para el aprendizaje permanente. Aunque la mayoría de las instituciones de enseñanza superior tiene extensos programas de capacitación para estudiantes universitarios y algunos más a nivel de maestría, pocos se enfocan en los estudiantes a nivel de doctorado.

Principio #13: La biblioteca desarrolla una política de alfabetización informática y un plan de estudios

a) **Política de alfabetización informática**: Cada biblioteca debe tener una política integral de alfabetización informática (AI) desarrollada por la biblioteca, discutida con la facultad, y aprobada por los respectivos órganos administrativos. Este documento guía la manera en que la biblioteca enfoca en las habilidades y necesidades de investigación de los estudiantes de doctorado. Permite que el liderazgo de la institución aprecie el papel que desempeña la biblioteca en el equipamiento de los estudiantes de doctorado. Aquí es donde los bibliotecarios trabajan más estrechamente con la facultad de las áreas temáticas. La política de AI va de la mano de las políticas y prácticas de investigación y redacción académica de la institución, a fin de proveer sinergia con otros departamentos de la misma. Debe indicar su audiencia y alcance, incluir declaraciones de propósito, metas y objetivos, y delinear los fundamentos pedagógicos del programa, el rol de los diversos actores interesados y los beneficios que se esperan del programa. Este documento generalmente abarca la alfabetización informática de todos los usuarios de la biblioteca e incluye una sección especial acerca de los estudiantes de doctorado.

b) **Plan de estudios de alfabetización informática**: Antes de definir un plan de estudios —o un marco para las intervenciones de AI— para los estudiantes de doctorado, la biblioteca tendrá que tener mucha claridad en cuanto a las habilidades y competencias con las que ingresan estos usuarios (quizás mediante una encuesta), cómo se acercan a sus estudios y a la investigación, y qué resultados de aprendizaje esperan los programas de sus estudiantes. Cuando los bibliotecarios entienden las etapas de un proceso de investigación, pueden discernir cuáles aspectos le corresponden a la facultad y cuáles a la biblioteca, y decidir cómo atender los segundos de la manera más eficiente y eficaz. El plan de estudios consta de varios componentes que enfocan en diferentes competencias, utilizan diversas metodologías de aprendizaje y se complementan mutuamente:

1) orientación y capacitación para los estudiantes de doctorado, ofrecidas en fases sucesivas; al comienzo de los estudios y, de manera continua y progresiva, a lo largo del proceso de doctorado. Pueden ser talleres, seminarios prácticos, unidades temáticas en cursos ya

existentes (métodos de investigación) y/o un curso independiente de alfabetización/competencias informáticas.

2)   capacitación para investigadores y supervisores sénior (que son las personas de "primer contacto" para los estudiantes de doctorado) para refrescar sus habilidades y equiparles para ofrecer entrenamiento directo a los estudiantes investigadores dónde y cuándo lo necesiten.

3)   desarrollo de "herramientas de autoayuda", disponibles en el punto de necesidad a cualquier hora, sin que sea necesaria la presencia del bibliotecario o supervisor. Por ejemplo, tutoriales en línea para diversos aspectos de la búsqueda, evaluación y uso de información, así como para el manejo de bases de datos y otros servicios disponibles.

Principio #14: La biblioteca ofrece orientación inicial y continua para los estudiantes de doctorado

a) **Orientación inicial**: Junto con la orientación general para los estudiantes de doctorado que ingresan al programa, la administración de la institución debe asignar tiempo y espacio para que el bibliotecario dirija sesiones especiales sobre prácticas de investigación y habilidades informáticas. Es necesario introducir y familiarizar a los estudiantes de doctorado con los recursos y servicios de la biblioteca que están enfocados en sus necesidades particulares como investigadores avanzados. Debe haber una capacitación inicial que incluya: cómo encontrar materiales —en todos los formatos— en su(s) campo(s) de estudio, el uso del catálogo y de las diferentes bases de datos, una visión panorámica de las herramientas de investigación y los materiales disponibles a nivel mundial, estrategias para evaluar la calidad, fiabilidad y relevancia de los recursos encontrados, y una presentación de los servicios que la biblioteca local ofrece a los estudiantes de investigación y a quienes estudian a distancia. Es importante que los estudiantes tengan, al principio de su proceso, una experiencia positiva de los aspectos relacionados con la biblioteca, y se animen a volver luego con preguntas individuales. Al concluir la orientación inicial, los estudiantes deben estar empoderados para conectarse con un bibliotecario especialista o un supervisor/miembro de la facultad en su área temática, o una persona de contacto que les podrá ayudar en sus áreas de investigación.

b) **Capacitación continua:** La inducción de los estudiantes de doctorado debe presentar a la biblioteca como el lugar donde el o la estudiante puede encontrar respuestas a sus necesidades de información a lo largo de sus estudios de doctorado. La ayuda bibliográfica y la capacitación continua se centran en el apoyo personalizado y depende de las habilidades del estudiante, la etapa de investigación y la situación del estudiante. El bibliotecario debe desarrollar una comprensión empática de los temas de investigación de los estudiantes y ser, a través de diversos servicios y medios (cara a cara, chats en línea, correo electrónico), otro interlocutor más para su investigación doctoral. El interlocutor principal para la investigación del estudiante de doctorado es su supervisor —y otros miembros relevantes de la facultad. Sin embargo, cuando la supervisión ha sido asignada a un miembro adjunto de la facultad o a un especialista visitante, o si los supervisores están demasiado ocupados con sus responsabilidades docentes y sus propias actividades de investigación, a veces los estudiantes de doctorado pueden sentirse solos y aislados. Conversaciones esporádicas con un bibliotecario experto en el área, que conoce la literatura, que puede hacer las preguntas correctas, y puede orientarle hacia ciertos nombres, recursos e ideas, resultará invaluable y ayudará a sostener al estudiante de doctorado en su fatigosa travesía.

En etapas posteriores, los estudiantes pueden necesitar apoyo en cuestiones como el manejo de problemas de derechos de autor (obtener permisos para incluir material de otros autores y/o reclamar los derechos de autor para sus propios materiales), el uso de sistemas de gestión de referencia y la gestión de los procesos de publicación.

Principio #15: Los bibliotecarios colaboran con la facultad en intervenciones de alfabetización informática (AI)

Debe quedar establecido en la política de alfabetización informática y en los planes de estudio que la biblioteca y la facultad colaboran en la creación de un ambiente de investigación propicio para los estudiantes de doctorado, individualmente y a través de las estructuras de los programas de doctorado. La colaboración entre la biblioteca y la facultad resulta de valor crítico ya que la alfabetización informática y las habilidades de investigación se enseñan mejor, no como actividades de una sola vez, sino como un proceso continuo incorporado en diversas unidades temáticas. Los roles distintos pero complementarios de los bibliotecarios y los miembros de la facultad presentan oportunidades para trabajar de manera conjunta, aprovechando y potenciando las habilidades mutuas en pro del éxito. Tales interacciones incluirán conversaciones entre bibliotecarios y profesores que conduzcan a una comprensión compartida de lo que es la alfabetización informática y de sus beneficios para los estudiantes. Esto debiera dar como resultado la incorporación de componentes de AI en algunas unidades del plan de estudio. A la vez, los bibliotecarios también ofrecen presentaciones puntuales para estudiantes de doctorado en temas específicos de AI, ya sea como parte de cursos dictados o como presentaciones independientes.

Principio #16: La biblioteca forma parte de la cultura de investigación de la institución

Este principio está relacionado con el rol cambiante de una biblioteca teológica cuando se añaden programas de estudios de doctorado. Es decir, la biblioteca no solo apoya a otros en sus actividades de aprendizaje e investigación, sino que también promueve el valor del aprendizaje continuo para los mismos bibliotecarios. Los bibliotecarios son proactivos como especialistas en información y están familiarizados con el proceso de investigación y las necesidades de información que surgen en sus diferentes etapas. Los mismos miembros del personal de la biblioteca están involucrados en, o han realizado, trabajos de investigación. En tanto han experimentado los problemas y bloqueos que implica el proceso de investigación, también entienden sus alegrías y sus retos. La experiencia de haber desenredado sus propios problemas de investigación permite que un bibliotecario sienta empatía con los estudiantes y pueda ayudarles a entender las necesidades de información —que cambian a lo largo del proceso de investigación—, las prácticas de búsqueda y uso de información, los recursos que los usuarios suelen encontrar y los que no logran ubicar (localmente, en Internet o a través de conocidos), y por qué se producen estas dinámicas. Los bibliotecarios están bien situados para pensar creativamente y sugerir caminos alternativos cuando los estudiantes enfrentan problemas. Al estar involucrados en sus propios proyectos de investigación,[22] los bibliotecarios pueden: promover y contribuir a una cultura de investigación entre los estudiantes y profesores de la institución, apoyar la conversación en torno a la investigación, y nutrir una comunidad de investigación y aprendizaje así como el intercambio de los resultados de las investigaciones.

---

22. A menudo se anima a que los bibliotecarios participen en los diálogos investigativos escribiendo reseñas de libros. Esto favorece el desarrollo de la colección, mejora el servicio de consultas de referencia que ofrecen, contribuye a su desarrollo profesional, y beneficia a la comunidad académica.

Parte II

Historias de transición, sirviendo a estudiantes de doctorado

1. "Una tarea colaborativa y compartida": La biblioteca de la Africa International University (Nairobi)

Dr. Ephraim Mudave, Bibliotecario de la AIU

La Africa International University (AIU), que tuvo sus inicios como la Nairobi Evangelical Graduate School of Theology (NEGST), fue fundada en 1983 por la Asociación de Evangélicos en África (AEA). La meta era ofrecer capacitación para pastores más allá de los niveles de certificado básico y diplomado. La iniciativa respondía a la crisis planteada por la presencia de elementos de paganismo (y sincretismo) en el cristianismo africano, intensificada por la falta de teólogos africanos con formación bíblica avanzada que pudieran liderar la lucha contra esa tendencia. El gobierno de Kenia otorgó a la AIU la acreditación como universidad en marzo del 2011. Desde entonces la AIU ha desarrollado otros programas de grado y posgrado, particularmente en negocios, TIC, Desarrollo, y Consejería/Psicología, además de Teología.

La AIU está dedicada a ofrecer una educación con pasión por:

- Dios, la palabra de Dios y el mundo de Dios,
- la verdad y la integridad, el servicio,
- la excelencia, la justicia, la belleza, la vida y la creación.

Para ello consta de cuatro escuelas: la Escuela de Teología (NEGST); la Escuela de Negocios y Economía; la Escuela de Educación, Artes y Ciencias Sociales; y el Instituto para el Estudio de las Realidades Africanas.

Las conversaciones en torno a la incorporación de programas de doctorado a la institución comenzaron hace años, pero tomaron forma más concreta alrededor del año 2002. El bibliotecario ya estaba involucrado cuando quedó claro que la fecha para el inicio de los programas de doctorado sería en el 2005. Se dedicaron esos tres años a la planificación, la recaudación de fondos y la mejora de las instalaciones. En ese momento existían programas de maestría en Teología, Misiones, Ciencias Bíblicas, Traducción, y Divinidades (MDiv). Había también un Certificado y un Diplomado en Ministerios Cristianos, enfocados en equipar a mujeres (en su mayoría cónyuges de estudiantes) para ejercer un ministerio eficaz. Los programas propuestos fueron un doctorado en Estudios Bíblicos y un doctorado en Traducción. El propósito de estos dos programas era formar investigadores del más alto nivel académico que pudieran producir una valiosa contribución al estudio de la Biblia en África y el mundo y que ofrecieran capacitación y consultoría en traducción.

Imagen 1: Biblioteca de la AIU

A fines del 2002, la biblioteca tenía alrededor de 31.000 títulos, incluyendo 2.500 volúmenes (encuadernados) de revistas. Casi todas las operaciones de la biblioteca se hacían manualmente y necesitaban ser automatizados. La biblioteca estaba dirigida por un bibliotecario con una maestría en Bibliotecología. Su personal incluía dos profesionales con formación de grado y tres personas sin formación en bibliotecología, pero con experiencia laboral en la biblioteca. Yo era el subdirector de la biblioteca, por lo que pude acompañar todos los pasos del proceso. En ese momento, tenía un título de grado en Bibliotecología. Luego logré una maestría y, por último, obtuve formación doctoral en ciencias de la información. Reconocimos, claramente, la necesidad de capacitar al personal existente para que pudiera servir a los estudiantes de doctorado. La visita de dos bibliotecarios de los Estados Unidos a mediados de 2004 ayudó al avance del proceso de preparación de la biblioteca, ya que tenían experiencia en instituciones con programas de doctorado y en la conversión de datos. Durante ese mismo año, algunos profesores que sirvieron de consultores para el desarrollo de los programas de doctorado también aportaron sugerencias útiles para el desarrollo de la biblioteca.

La institución tenía un comité de biblioteca presidido por un miembro de la facultad (en representación del decano académico), con el bibliotecario sirviendo de secretario. El comité incluía a dos representantes del consejo estudiantil, un representante del departamento de TIC, y dos miembros de la facultad, con un total de siete miembros, todos con derecho al voto. El plan de desarrollar la biblioteca para apoyar a los programas de doctorado fue compartido en el comité, y así se gestó un Proyecto de Desarrollo de la Biblioteca. Dado que el presidente del comité de la biblioteca era el director del departamento de Traducción y Lingüística, el comité tenía información de primera mano sobre los avances en el desarrollo del programa de doctorado. La participación del bibliotecario desde las deliberaciones iniciales hizo posible que la biblioteca estuviera al tanto de la dirección del desarrollo de dicho programa.

El Proyecto de Desarrollo de la Biblioteca tenía cinco áreas de enfoque: revistas, libros, espacio físico, tecnología y presupuesto/personal.

Revistas

Las revistas ofrecen información actualizada sobre investigaciones en las diversas áreas de estudio. Los esfuerzos por expandir la colección de revistas, tanto para el área de estudios bíblicos como para el de traducción, resultaron en un aumento de 150 a 230 títulos. Esta expansión incluyó la renovación de suscripciones que estaban vencidas. El personal recibió recomendaciones de revistas relevantes de los departamentos correspondientes, a través del coordinador de los Estudios de Doctorado. El personal de la biblioteca identificó las revistas clave y obtuvo las suscripciones correspondientes. Se identificaron las revistas que tenían intervalos incompletos para que fueran adquiridos los ejemplares faltantes. Además nos suscribimos a bases de datos pertinentes, como ATLAS, EBSCOHost, ATLA RDB y JSTOR.

Libros

Después de una evaluación de la colección, se hizo evidente la necesidad de ampliar las secciones de referencia y de investigación general. Había que adquirir ciertos comentarios clave y títulos de referencia específicos. La colaboración con la facultad de los departamentos involucrados incluyó el envío de informes trimestrales de la biblioteca al comité de desarrollo del doctorado sobre los recursos pedidos y recibidos, y los estados financieros de ambos. Hubo dos profesores de los departamentos de estudios bíblicos y de traducción que recolectaron catálogos impresos, accedieron a catálogos en línea y presentaron listas de pedidos al bibliotecario, quien se aseguró de que los recursos fueran pedidos y recibidos. No existía una política de desarrollo de colecciones, por lo que se adoptó lo que propusieron los profesores de los dos departamentos de doctorado.

Imagen 2: Estudiantes en la Biblioteca de la AIU

Varios libros ya no estaban disponibles en el mercado, especialmente en el área de estudios bíblicos. Algunas de las editoriales principales más utilizadas fueron Mohr-Siebeck, Brill, Eisenbruns, Society for Biblical Literature, IVP, Walter De Gruyter, Continuum, John Wiley, Langham Literature, Routledge, y Fortress Press. Para las obras fundamentales que estaban agotadas o no disponibles, buscamos ejemplares —algunos usados— en librerías en línea y en colecciones digitales. La principal librería fue Dove Booksellers, que proveyó la mayoría de estos títulos agotados. La Theological Book Network (TBN) fue clave en el desarrollo de la colección mediante su apoyo en la negociación de mejores precios con las principales editoriales estadounidenses, y en la verificación de los pedidos y su envío. Para ese momento contratamos una persona, para un puesto permanente, que se encargaría de los pedidos y su procesamiento.

Así como sucedió con TBN y Langham, las alianzas y colaboraciones con individuos e instituciones jugaron un papel importante en el desarrollo de la colección. La excelente relación laboral entre la biblioteca y la facultad de profesores fue una ventaja adicional porque los especialistas en el tema se sentían en control mientras que el personal de la biblioteca se sentía adecuadamente apoyada por la facultad para llevar a cabo sus responsabilidades. Los profesores, especialistas en sus áreas, nos ayudaron con su conocimiento de recursos que serían útiles para los programas de doctorado.

Espacio físico

Es práctica común que los estudiantes de doctorado residentes tengan un espacio de estudio propio en la biblioteca. No tuvimos problemas con el espacio ya que nuestra institución tenía una población pequeña de estudiantes matriculados, entre 250 y 300 cada semestre. El edificio de la biblioteca tenía, en el piso superior, un espacio que era utilizado para oficinas. Tuvimos que construir gradas para acceder a ese piso desde la biblioteca. La mitad del área del piso superior fue convertida en cubículos para los estudiantes de doctorado; el resto se apartó para revistas encuadernadas y ejemplares de números archivados. El área de cubículos se designó inicialmente para un cupo de por lo menos doce estudiantes de doctorado. Además, la adquisición de libros requería más espacio en los estantes. Se adquirieron varias estanterías y, ya que unos años antes trasladamos la biblioteca al nuevo edificio, había espacio en la planta baja para acomodarlos.

Tecnología

Como se mencionó, necesitábamos automatizar los procesos de la biblioteca, por lo que el comité de la biblioteca emprendió la búsqueda de un sistema de gestión de bibliotecas (LMS) que fuera adecuado para su colección. La biblioteca presentó una lista de funciones específicas que debía cumplir el nuevo sistema, y se evaluaron varios paquetes de software según esos criterios. En esta etapa fue incorporado al comité de la biblioteca el gerente del departamento de tecnología informática (TI), para asegurar la adquisición de un sistema que fuera compatible con el resto de la infraestructura institucional de las TIC. Tardamos cinco meses en decidirnos por un sistema adecuado —Alice Graduate— y terminar de instalarlo. En ese momento, un bibliotecario formado en TIC fue contratado y entrenado en el uso del nuevo software. Mucho más adelante, migramos de Alice Graduate al software Koha, un LMS de código abierto, con la ayuda de personal del departamento de TI. Esta colaboración creó una fuerte alianza entre la biblioteca y el departamento de TI, la cual hemos seguido disfrutando con el paso de los años. El bibliotecario encargado del sistema de gestión de bibliotecas (LMS) es la persona de enlace entre los dos departamentos.

La conversión a un catálogo en línea significa que los usuarios de la biblioteca necesitan tener acceso a una computadora para sus búsquedas bibliográficas. Empezamos con solo cuatro computadoras designadas específicamente para el acceso al catálogo en línea (Catálogo de Acceso Público en Línea; OPAC, por su sigla en inglés). Sin embargo, poco a poco se desarrolló un centro multimedia dentro de la biblioteca con dieciocho computadoras para acceder a los recursos en línea. Los estudiantes de doctorado recibían una beca que incluía una nueva computadora portátil. Además de las computadoras, la biblioteca adquirió varios escáneres manuales para facilitar las nuevas operaciones automatizadas.

Los cubículos para los estudiantes de doctorado fueron conectados a la red de la universidad; más adelante se agregó el acceso inalámbrico a Internet. Se instaló una impresora en la sala de los estudiantes de doctorado para facilitar la impresión de materiales digitales. Se adquirió una fotocopiadora de última generación a la que los estudiantes podían enviar sus trabajos para imprimirlos. También se adquirió un escáner de libros para quienes prefirieran escanear materiales impresos en lugar de fotocopiarlos.

Conversión del catálogo de tarjetas

La instalación del nuevo sistema de gestión de bibliotecas (LMS) en mayo de 2004 dio comienzo a un ejercicio retrospectivo de conversión del catálogo. Teníamos más de 29.000 registros de libros que necesitaban ser reclasificados, del sistema Dewey Decimal (CDD) al de la Biblioteca del Congreso (LCC), según los requisitos del organismo de acreditación (ver más abajo). También tuvimos que convertir los registros del catálogo de tarjetas manuales. Alrededor de 9.600 de los registros estaban en una aplicación llamada "Librarian's Helper". Con la ayuda de un bibliotecario visitante, logramos convertirlos al protocolo MARC21 e incorporarlos al nuevo sistema utilizando el módulo de conversión retrospectiva. Había que verificar los 9.600 registros importados antes de comenzar a añadir otros registros al nuevo software. Para el resto de los registros, se utilizó el protocolo Z39.50 para descargar los registros de la Biblioteca del Congreso (LC) y de la Bibliografía Nacional Británica (BNB); la proporción de aciertos fue de 70-80 por ciento. El bibliotecario encargado del proceso desarrolló un manual de procedimientos para descargar los registros de las bases de datos LC y BNB, lo cual facilitó que el personal bibliotecario asistiera en la búsqueda y descarga de registros. Para los registros que no tenían los detalles de catalogación CIP, hubo que hacer la catalogación de forma manual.

Estándares de acreditación

Hubo interacciones entre la institución y la Comisión de Educación Superior (CHE, por su sigla en inglés) respecto a la acreditación local. La acreditación evangélica continental ya se había recibido de la Comisión de Acreditación para la Educación Teológica en África (ACTEA, por su sigla en inglés). Uno de los requisitos de la CHE para la biblioteca era que se usara el sistema de clasificación de la Biblioteca del Congreso (LCC), y estábamos usando el sistema Dewey Decimal (CDD). Este requisito aplicaba para todas las instituciones de enseñanza superior del país. Junto con la conversión retrospectiva, incluimos el trabajo de reclasificación. Esto significó imprimir etiquetas nuevas para más de 29.000 recursos e implicó una reorganización completa de los libros en las estanterías a fin de ajustarnos al nuevo sistema.

El organismo de acreditación también fue muy específico en cuanto a los niveles de personal y sus cualificaciones. En nuestro caso, exigían que el bibliotecario en jefe tuviera por lo menos una maestría en Bibliotecología, y un número adecuado de personal capacitado. Nuestra bibliotecaria en jefe cumplía con esta cualificación; sin embargo, dejó la institución antes de que se iniciaran los programas de doctorado. Se hizo necesario reclutar o capacitar a un sucesor que condujera el proceso hacia adelante. La institución decidió que el subdirector de la biblioteca (el autor de este artículo), que había trabajado muy de cerca con la bibliotecaria en jefe, recibiera más formación a fin de asumir el liderazgo. Esto le dio continuidad a los planes sin sumar mayores desafíos. Una lección aprendida fue que la biblioteca necesita que su director/a asista a las reuniones de planificación junto con otro miembro del personal de la biblioteca que tenga potencial de liderazgo. Para nuestro caso, el subdirector había participado en las reuniones junto a la bibliotecaria en jefe. Para cumplir con los requisitos de personal, la biblioteca contrató a dos personas cualificados más, una para encargarse de las adquisiciones y el procesamiento, anteriormente administrado por el subdirector de la biblioteca, y otra para encargarse de las TIC. Había llegado a notarse que la biblioteca necesitaba alguien que sirviera de nexo con el departamento de TI y tomara las riendas de los asuntos relacionados con la tecnología en la biblioteca.

Presupuesto

Todos los desarrollos que se han mencionado —infraestructura, recursos y personal— dependían de que hubiera niveles adecuados de financiamiento. El comité de desarrollo del programa de doctorado se había instaurado tres años antes del inicio del programa. Este comité se responsabilizó de recaudar los fondos necesarios para actualizar la biblioteca a los estándares requeridos. Por tanto, la biblioteca enumeró sus necesidades, y el comité de doctorado trabajó para recaudar los fondos. En los tres años de preparación para los dos programas de doctorado, el presupuesto de la biblioteca alcanzó los $500.000. El comité identificó varios donantes individuales y corporativos y, desde el principio, los incluyó en las deliberaciones. Los donantes fueron agrupados según sus intereses, lo cual fue muy útil. Algunos donantes pidieron que la institución demostrara su compromiso y recaudara el 50 por ciento de los fondos solicitados para recibir la contrapartida correspondiente. El comité se mantuvo diligente en identificar y recaudar los fondos necesarios para ello.

Estado actual

Con el correr de los años la colección de la biblioteca ha crecido hasta contar con más de 60.000 tomos impresos. Los recursos impresos son suplementados por suscripciones a varias bases de datos de libros digitales y revistas líderes en el sector. La suscripción a los recursos electrónicos es principalmente a través de un consorcio de instituciones de enseñanza superior en Kenia. El organismo de acreditación exige que todas las instituciones de enseñanza superior sean miembros de ese consorcio.

Se han añadido otros tres programas de doctorado a los dos que se iniciaron en 2005: Teología; Estudios Interculturales (Misiones, Cristianismo Global, Islamismo); y Lingüística General y Aplicada. Otros tres han sido aprobados por el organismo acreditador y son parte de la oferta para el año 2021. Comparados con los primeros dos programas de doctorado, los programas más recientes han puesto menos presión sobre la biblioteca. Esto demuestra que una institución necesita hacer bien las cosas la primera vez. Le será relativamente más fácil agregar más programas porque posiblemente no necesite personal o infraestructura adicional, y solo le hará falta obtener los recursos de información que requieren las nuevas áreas de especialización. Los números de personal no han cambiado drásticamente: solo se han añadido tres miembros al personal de la biblioteca. Sí ha habido cambios considerables en materia de desarrollo profesional: una persona ha obtenido un doctorado, otra un grado de maestría (y otras dos han completado sus programas y están esperando la graduación). En cuanto a capacitación interna en proceso, una persona tiene una maestría, otra un diploma, y dos han ganado experiencia sobre la marcha.

Con el plantel actual, su experiencia, capacitación y número de personas, se ha logrado desarrollar un esquema de alfabetización informática que incluye un curso troncal que se dicta a todos los estudiantes de grado. Los estudiantes de posgrado cursan diez semanas de seminarios/talleres en la biblioteca, que abarcan todos los aspectos de las habilidades informáticas además de otras áreas de interés para los usuarios de la biblioteca. El bibliotecario de servicios el usuario siempre planifica clases de alfabetización informática y orientación general para nuevos estudiantes de doctorado y otras cohortes de posgrado.

El servicio que requieren los estudiantes de doctorado no es completamente diferente de lo que reciben otros estudiantes, porque todos necesitan información y habilidades para encontrar, accesar y usar la información una vez que la encuentran. La pequeña diferencia es que los estudiantes de doctorado necesitan información precisa y muy detallada, y están menos seguros en cuanto a exactamente qué están buscando.

Retos y lecciones aprendidas

El costo de desarrollar una biblioteca para ofrecer programas de doctorado puede ser alto y requiere de bastante esfuerzo y recursos financieros. Tuvimos la suerte de tener un comité de desarrollo de doctorado fuerte, al que le fue bien en la recaudación de fondos. Para el desarrollo del doctorado en Lingüística, contamos con una alianza con el Instituto de Lingüística de Verano (SIL). Sin embargo, aun con una buena planificación, enfrentamos algunos retos relacionados con la logística del envío de libros y los procesos de aduana. Algunos libros no llegaron dentro de los tiempos esperados. Una lección aprendida fue que la compra de recursos debe hacerse con mucha antelación al inicio del programa.

Las alianzas y acciones colaborativas dentro y fuera de la institución ayudaron a que la biblioteca se moviera más ágilmente en su preparación para el inicio de los programas de doctorado. La inclusión del bibliotecario en las primeras etapas del proyecto mantuvo al departamento al tanto de las necesidades del programa. Las visitas de bibliotecarios profesionales con experiencia en programas de doctorado fueron muy útiles. Los vínculos con la Theological Book Network y con Langham Literature aportaron al proceso de desarrollo de la colección, que fue activamente impulsado y liderado por la facultad en diálogo con los bibliotecarios. Aprendimos que el desarrollo de la colección, en preparación para iniciar un programa de doctorado, es una tarea compartida y colaborativa. Sin embargo, carecíamos de una política escrita para ello, así que no teníamos lineamientos. La política de desarrollo de colecciones fue elaborada sobre la marcha y luego adoptada para su implementación.

2. "Expandir la imaginación": La Biblioteca de la China Graduate School of Theology (Hong Kong)

Dr. Joyce Sun, Profesora asociada y Bibliotecaria (hasta julio, 2021)

El lanzamiento de un programa de doctorado

La CGST (China Graduate School of Theology) es una institución de educación teológica interdenominacional situada en Hong Kong. Busca servir a las iglesias chinas en Hong Kong, China continental y el extranjero, ofreciendo capacitación teológica de posgrado para graduados universitarios a fin de prepararlos para el liderazgo en las iglesias de estas regiones.

Aunque el programa de doctorado en la CGST fue lanzado formalmente en 2002, la visión para establecer un programa de doctorado surgió y fue considerada ya a mediados de la década de 1990. La celebración del vigésimo aniversario de la institución le dio aún más ímpetu a esta visión. Dado que en ese momento ningún seminario de Hong Kong (y mucho menos de China continental) ofrecía estudios de doctorado, se esperaba que el nuevo programa desarrollase educadores e investigadores teológicos fiables y sobresalientes para China y Asia. Su enseñanza y producción literaria en chino fomentarían la investigación y la contextualización teológica en suelo local.

Participación de la bibliotecaria en la preparación del programa de doctorado

Dos aspectos fueron de gran beneficio en la preparación de la biblioteca de la CGST para el nuevo programa de doctorado: que la administración de la escuela dedicara parte de su presupuesto a mejorar las instalaciones de la biblioteca y a ampliar su colección; y que su bibliotecaria era también miembro de la facultad de profesores de la institución. Debido a esto, la bibliotecaria tuvo acceso a los planes y a las deliberaciones en torno al futuro programa, e inició las tareas preparatorias con buena anticipación a su comienzo. Para cumplir con los requisitos de acreditación establecidos por la Asociación Teológica de Asia (ATA), lo primero que debía hacer la biblioteca era expandir su colección de revistas académicas y libros en otros idiomas (aparte del inglés).

Ya que la bibliotecaria tenía ella misma un título de doctorado, estaba familiarizada con el proceso de investigación que recorrerían los estudiantes de doctorado y el nivel de los materiales de investigación que necesitarían para completar sus tesis de doctorado. Al mismo tiempo, esperaba dotar a la colección doctoral de la biblioteca con títulos que serían relevantes para los temas y las necesidades de investigación de los estudiantes cuando llegaran. En esta fase, las adquisiciones de la biblioteca se concentraron principalmente en áreas de investigación general y obras de referencia. Se retuvieron algunos fondos para las adquisiciones que serían necesarias cuando empezara el ingreso efectivo de estudiantes de doctorado y se supieran sus temas específicos de investigación. El ritmo de los pasos adoptados por la biblioteca de la CGST siguió de cerca el proceso de planificación e implementación de la institución, y en gran medida dependió de ello. Para el 2001, antes del primer ingreso de estudiantes de doctorado en 2003, la biblioteca había adquirido 399 libros en otros idiomas para su colección de doctorado (muchos de segunda mano).

Imagen 3: Entrada de la Biblioteca de la CGST

Ya que la institución no pertenecía a ninguna denominación y no tenía ninguna fuente importante de financiación a largo plazo, debía usar sus recursos, fueran financieros o de otro tipo, con cuidado y precaución. Los recursos asignados por la biblioteca para la configuración inicial de su colección doctoral se destinaron principalmente a los intereses de investigación de los potenciales candidatos. Como en ese momento muchos de los profesores eran expertos en Karl Barth, y era de esperarse que los estudiantes aceptados trabajarían en áreas similares, la biblioteca desembolsó una parte importante de su presupuesto para adquirir libros relevantes para investigaciones afines.

A la expansión de la colección doctoral contribuyó significativamente el patrocinio del Overseas Council International para la Educación Teológica (OCI), una organización cristiana cuyo objetivo es promover la excelencia académica de las instituciones de educación teológica en el mundo mayoritario. La institución también obtuvo una subvención con contrapartida para desarrollar la colección de investigación doctoral, por lo que tuvo que participar en los esfuerzos de recaudación de fondos para asegurar el desembolso de la donación correspondiente. Para el año 2006, la biblioteca contaba con más de 1.000 libros en otros idiomas, además de sus colecciones en inglés y chino. La colección de revistas también creció de 413 números (incluyendo títulos en chino e inglés) en 2001 a 514 en 2006. Además se sumaron cuatro bases de datos de revistas con acceso al texto completo.

Para utilizar la financiación disponible de la manera más eficaz, la biblioteca ha adoptado la estrategia de limitar su colección a obras específicamente acerca de o relacionadas con el cristianismo. A los estudiantes que realizan investigaciones interdisciplinarias, en las que los materiales de investigación necesarios no se encuentran en la biblioteca de la CGST, se les anima a buscar asistencia en las universidades donde estudiaron previamente o en la biblioteca de la Universidad Bautista de Hong Kong, cercana a la CGST.[1] En 2013 se lanzó un programa de doctorado cuyo título es otorgado en conjunto por la CGST y la Universidad de Edimburgo (UE); los estudiantes inscritos en ese programa también pueden utilizar los recursos de la biblioteca de la UE. De esa manera, la biblioteca de la CGST puede concentrarse en aquellas necesidades que los estudiantes no pueden satisfacer a través de otras entidades.

Modelo de servicio uno a uno

El cupo anual de estudiantes de doctorado permanece constante y por debajo de la decena. Eso facilita que la biblioteca de la CGST pueda servir a cada estudiante de investigación de manera individual. En el año 2003, con la admisión de los primeros dos estudiantes de doctorado —uno dedicado a la investigación en torno a Karl Barth y el otro a un tema del libro de Levítico, en el Antiguo Testamento— la biblioteca conscientemente amplió su colección en estas dos áreas. Cuando los estudiantes nuevos cambian a otras áreas de estudio —con la aprobación de sus supervisores y del Comité de Posgrado— la biblioteca responde ajustando su estrategia de adquisiciones para atender

---

1. Para la emisión mutua de permisos interinstitucionales (Institutional Reader's Tickets) entre las bibliotecas de la CGST y de la Universidad Bautista de Hong Kong, por favor consulte la siguiente sección sobre colaboraciones entre bibliotecas.

dichos cambios. El hecho de que la bibliotecaria sea miembro del Comité de Posgrado también sirve para que la biblioteca tenga conocimiento, con anticipación, de las necesidades de investigación de los estudiantes de doctorado entrantes y de sus campos específicos, y pueda ajustar y poner en marcha las adquisiciones antes de su llegada.

Además de poner a disposición los recursos relevantes de la colección, la biblioteca de la CGST hace hincapié en satisfacer las necesidades personales de los estudiantes y ofrece sus instalaciones como un espacio accesible y cómodo para que realicen su investigación individual. A pesar de la constante escasez de espacio físico, la biblioteca permite que los estudiantes escojan su escritorio. Lo más común es que elijan un escritorio junto a las estanterías que contienen materiales relacionados con las particularidades de su investigación. Además, se asignan casilleros personales donde los estudiantes pueden guardar libros que hayan tomado prestados, así no tienen que llevarlos y traerlos de su hogar.

La prestación de estos servicios personalizados de ninguna manera implica que la biblioteca satisfaga indiscriminadamente y sin supervisión cualquier solicitud de un estudiante. Dado que todo pedido de libros y revistas tiene que ser aprobado por la bibliotecaria, esta siempre puede examinar las solicitudes y asegurarse de que son relevantes y necesarias para los estudios de cada estudiante. Ante la duda, se puede poner en contacto con el supervisor correspondiente para aclarar y/o ajustar la lista de pedidos.

Imagen 4: Instalaciones informáticas

Frente a la era digital

Los rápidos avances tecnológicos y el auge de los recursos electrónicos han sido muy ventajosos para la biblioteca de la CGST en las décadas recientes. La ubicación en Hong Kong, con su consabido alto costo inmobiliario, significa que la biblioteca tiene que lidiar continuamente con la escasez de espacio. La disponibilidad de materiales electrónicos permite que la biblioteca amplíe su colección con un uso mínimo de espacio físico, lo cual libera espacio para satisfacer necesidades más urgentes, como la provisión de áreas de estudio y la instalación de más equipos informáticos y de fotocopiado.

Si una obra en particular está disponible tanto en versión impresa como digital, la biblioteca dará prioridad al formato digital. Si el presupuesto lo permite, la biblioteca también se inclina por adquirir prestigiosas bases de datos en línea, como la Dead Sea Scroll Electronic Library, la Biblioteca Digital Karl Barth, y el Bulletin of the Institute of Modern History: Academia Sinica. De esta manera los estudiantes pueden acceder de forma remota a colecciones de renombre sin que estas ocupen espacio físico en la biblioteca. La biblioteca ha lanzado un proceso para reubicar sus revistas impresas fuera del área de circulación y sustituirlas con versiones digitales (si están disponibles) a fin de disponer de esas estanterías para otros recursos. Así, mientras amplía su capacidad de albergar el siempre creciente acervo de materiales impresos, la biblioteca está algo aliviada de la urgencia de ampliar sus instalaciones o de trasladarse a un espacio más grande.

Imagen 5: Escritorio de un estudiante de doctorado

Además, los servicios de la biblioteca de la CGST para los estudiantes de doctorado se han reforzado con la introducción de herramientas digitales de investigación. La biblioteca ha logrado comprar RefWorks, una aplicación para gestionar bibliografías y bases de datos, que ayuda a los estudiantes a crear y organizar los recursos para sus procesos de investigación, importar referencias y generar bibliografías para sus disertaciones. Otra herramienta provista especialmente para los estudiantes de investigación es el Adobe Acrobat Pro, que les permite convertir documentos e imágenes a formato PDF o Word, e importar citas a sus trabajos escritos.

Para guiar a los estudiantes a través de la diversidad de herramientas y recursos digitales disponibles en la biblioteca, el equipo de la biblioteca provee orientación e instrucción a cada nuevo estudiante de doctorado —también, de forma individualizada. Esta orientación personalizada es particularmente valiosa para estudiantes de China continental y aquellos con estudios previos en otras instituciones. Este acompañamiento uno a uno se extiende a lo largo de todo el proceso de estudio doctoral en la CGST. Puesto que los estudiantes tienen sus propios escritorios dentro de la biblioteca, muchos conocen bien al personal de la biblioteca. Siempre que tengan consultas o enfrenten problemas para localizar materiales o usar otros recursos de la biblioteca, el personal puede asistirlos de inmediato. El equipo de la biblioteca está constantemente presente a su lado y anuente a sus pedidos, que van desde la búsqueda de una obra específica hasta el asesoramiento sobre cómo y dónde localizar los materiales relevantes para un tema particular de investigación.

Además de los contactos personalizados, los estudiantes de doctorado en la CGST también pueden mejorar sus habilidades informáticas y de investigación a través de videos tutoriales publicados en el sitio en línea de la biblioteca o, por iniciativa propia, pueden asistir a talleres y sesiones de capacitación organizados por la biblioteca para la orientación de todos los estudiantes. El equipo de la biblioteca de la CGST desempeña un papel indispensable en la prestación de servicios informáticos y en la promoción de la alfabetización informativa de toda la institución. Incluso a veces ofrece sugerencias y consejos a la administración de la institución sobre los últimos avances en recursos de investigación y respecto a actualizaciones de herramientas y equipos informáticos. El escáner y lector de microfichas digitales con OCR (reconocimiento óptico de caracteres), ahora instalado en la biblioteca, ejemplifica las contribuciones del equipo de la biblioteca orientadas a mejorar la experiencia de investigación de los estudiantes de doctorado. Este equipo se compró por sugerencia de la biblioteca en 2019, cuando la escuela obtuvo fondos para adquirir la publicación seriada del International

Missionary Council Archives (1910–1961), que solo estaba disponible en formato de microficha.

Estrategia de desarrollo de personal

Es evidente que para facilitar la aptitud informática de los estudiantes para investigar y accesar materiales, y para asesorar a la administración institucional sobre las tendencias recientes en habilidades y herramientas de investigación, el equipo de la biblioteca debe primero estar bien familiarizado con estas tendencias y mantenerse al día con las últimas innovaciones.

Cuando la CGST recibió su primer estudiante de doctorado en 2003, de los cinco miembros del equipo de la biblioteca, solo uno tenía un título de maestría relevante para la gestión de la biblioteca. Hubo estudiantes que alguna vez cuestionaron las cualificaciones profesionales del personal de la biblioteca. Ahora en 2020, tres de los miembros del equipo, incluido el bibliotecario asociado y los bibliotecarios adjuntos, tienen títulos de maestría en Ciencias de la Información. Además de sus cualificaciones en alfabetización informática, habilidades de investigación y manejo de colecciones, cuentan con formación en filosofías de investigación y modos de aprendizaje en entornos digitales. Aunque los otros dos miembros del equipo no tienen títulos de maestría en Bibliotecología, han recibido capacitación profesional en áreas específicas de la operación de la biblioteca, incluyendo la gestión del conocimiento y la conservación de libros y documentos.

Un factor que ha contribuido a este aumento significativo en las cualificaciones profesionales del equipo de la biblioteca es que la institución reconoce la gestión de la biblioteca como una actividad profesional. Se anima a que cada miembro del personal de la biblioteca se dedique, a tiempo parcial, a cursar estudios relacionados con su trabajo. Por recomendación de la bibliotecaria, él o ella puede solicitar el apoyo de la institución, ya sea en forma de un subsidio económico o una licencia de estudio, para avanzar en sus estudios. Al graduarse, la nueva cualificación profesional será reconocida y será tomado en cuenta a la hora de evaluar las remuneraciones y los puestos de trabajo.

Con la cuestión de las cualificaciones profesional ya encaminada, el próximo asunto que posiblemente requiera atención por parte de la biblioteca de la CGST es la alfabetización teológica del personal bibliotecario. A fin de cuentas, la CGST es una institución de educación teológica. Un conocimiento adecuado de las áreas de estudio en las que enfocan los estudiantes ciertamente es beneficioso cuando el equipo debe ofrecer asistencia en la localización de materiales relevantes para los temas específicos que estos investigan. Sin embargo, dedicarse a los estudios teológicos a menudo va acompañado de un llamado y de aspiraciones espirituales. La biblioteca solo puede alentar, persuadir y orar por que algunos de los miembros de su equipo tengan la visión y el llamado a esa vocación.

Colaboración entre bibliotecas

Con los acelerados cambios en las tecnologías de la información, las habilidades de investigación y las prácticas educativas y editoriales, además de la constante proliferación de nuevos recursos, herramientas y publicaciones, no es posible que una biblioteca trabaje de manera independiente y, a la vez, se mantenga al tanto de todas estas tendencias y avances. El problema es particularmente inquietante para las bibliotecas teológicas en Hong Kong y China continental, que a menudo tienen presupuestos relativamente modestos. Son obvias las ventajas de trabajar en conjunto con otras instituciones para satisfacer las necesidades de los estudiantes.

La biblioteca de la CGST es actualmente miembro de siete asociaciones de bibliotecas, entre ellas ATLA (American Theological Library Association), ABTAPL (Asociación de Bibliotecas Teológicas y Filosóficas Británicas), ForATL (Foro de Bibliotecarios Teológicos Asiáticos) y HKLA (Asociación de Bibliotecas de Hong Kong). Estas asociaciones ofrecen una variedad de plataformas para que la biblioteca participe en el intercambio internacional y comparta información sobre desarrollos relacionados con la bibliotecología y el ministerio. De vez en cuando el equipo de la biblioteca recibe la invitación a presentaciones y talleres organizados por estas asociaciones, donde se comparten las últimas novedades en materia de gestión bibliotecaria, derechos de autor, metadatos y prácticas de catalogación. Otro de los beneficios es la oportunidad de adquirir recursos electrónicos a precios rebajados a través de estos canales.

Además, la biblioteca de la CGST tiene un acuerdo con la biblioteca de la Universidad Bautista de Hong Kong en el que mutuamente emiten permisos interinstitucionales (Institutional Reader's Tickets) a sus usuarios. Esto permite que los estudiantes de la CGST tengan acceso a la colección de la universidad y puedan hacer fotocopias de sus recursos. Dicho acuerdo es de particular valor para los estudiantes de doctorado que realizan investigaciones interdisciplinarias. A través de este mecanismo pueden obtener recursos en disciplinas como sociología, psicología, ciencias políticas, e incluso lingüística e historia, sin afectar el presupuesto de la biblioteca de la CGST.

Imagen 6: Sala de lectura de la CGST

Por último, si bien no menos importante, desde el año 1997 la CGST ha sido miembro de la Red Ecuménica de Información (EIN) en Hong Kong. La EIN es una red de bibliotecas teológicas de Hong Kong formada en 1995 para la cooperación entre bibliotecas, el desarrollo conjunto de información electrónica y el intercambio de recursos. Consta de cinco miembros que comparten un catálogo unificado (y un mismo servidor proxy), de modo que los estudiantes de cualquier institución miembro pueden, con un solo clic, ver los recursos de las cinco bibliotecas. Esto es posible a través de la herramienta de búsqueda bibliográfica Primo Discovery Service, adquirida conjuntamente por los miembros de la red en 2013. El catálogo unificado de la EIN es ahora el catálogo de bibliotecas teológicas más extenso de Hong Kong y, a nivel mundial, el catálogo más grande de bibliotecas teológicas chinas. Además, todos los miembros de la red usan el mismo sistema y manual de catalogación, a fin de estandarizar el registro MARC de cada ítem. Así el registro MARC de una biblioteca lo pueden utilizar las otras cuatro sin duplicar esfuerzo.

Por cierto, además de los servicios de préstamos interbibliotecarios (PI) y obtención de documentos (SOD), donde los libros costosos y las revistas adquiridas por una biblioteca pueden ser compartidos con las demás, la cooperación entre los miembros de la EIN es variada y visible. Tenemos reuniones periódicas, cuatro o cinco veces al año, en las que tratamos temas de catalogación y sistemas de gestión bibliotecaria, iniciativas conjuntas y oportunidades de cooperación. Los representantes de cada biblioteca se alternan, una vez al año, para coordinar las reuniones, la comunicación y los enlaces entre los miembros de la red, los proveedores, y otras entidades.

Desde el inicio de la EIN, sus miembros han llevado a cabo importantes proyectos conjuntos, ejemplificando cómo la cooperación entre instituciones puede cosechar beneficios significativos para sus participantes. La adquisición de la herramienta Primo Discovery Service y la contratación de un administrador de sistemas a costes compartidos, han permitido que cada miembro, incluida la biblioteca de la CGST, pueda ofrecer un acceso más ágil a recursos académicos y nuevos contenidos bibliográficos con presión mínima sobre su presupuesto. La cooperación también permite que los miembros de la red adquieran prestigiosas colecciones a un precio asequible, como la base de datos del Loeb Classical Library. En la actualidad, cada miembro de la EIN se compromete a gastar una cantidad fija de dinero por año en la compra de libros electrónicos para ser utilizados conjuntamente por todos los miembros. Cuanto mayor es el total invertido, mayor es el poder de negociación de los miembros de la EIN para la obtención de mejores precios.

La colaboración entre los miembros también puede tomar la forma de solicitudes de financiamiento en nombre de la red a fin de enriquecer sus colecciones e instalaciones. Además de haber servido para sumar más libros electrónicos y bases de datos a sus colecciones, la financiación de la EIN ha permitido que sus miembros desarrollen una base de datos de revistas de texto completo en chino y digitalicen sus libros antiguos y ejemplares únicos.

La CGST ha sido muy bendecida gracias a la colaboración con otras bibliotecas teológicas de Hong Kong. En la medida en que las bibliotecas teológicas están dispuestas a compartir y expandir su imaginación, las formas que puede tomar la cooperación y las iniciativas conjuntas son mucho más amplias de lo que parecía originalmente.

3. "La excelencia es un recorrido": la biblioteca del South Asia Institute of Advanced Christian Studies (Bangalore)

Dr. Yesan Sellan, Bibliotecario Principal

Introducción

Fue en el verano de 1981 en Kodaikanal, un pueblo del sur de la India, que se gestó la idea de un instituto de educación superior teológica, evangélico y enfocado en las misiones. Surgió de una conversación de merienda entre el Dr. Graham Houghton y el Dr. Bruce Nicholls, que habían llegado a la

India como misioneros.[2] El Instituto de Estudios Cristianos Avanzados del Sur de Asia (SAIACS, por su sigla en inglés) fue fundado en 1982 con la convicción de que las iglesias de la India necesitaban algo más que otra escuela bíblica o seminario. El Instituto se propuso ofrecer programas de excelencia en educación teológica a nivel de posgrado, en respuesta a una necesidad generalizada de capacitación confiable para el liderazgo cristiano en la India y en todo el sur de Asia. Puesto que no existía una infraestructura dentro de la cual hacerlo, se sugirió que el programa fuese ofrecido por la recién formada Asociación de Educación Teológica Evangélica en la India (AETEI, por su sigla en inglés). El Dr. Houghton, quien era el decano en ese momento, creó un programa de dos años y las clases comenzaron en junio de 1982, con el apoyo entusiasta tanto de los líderes eclesiásticos como de los interesados en cursarlo. Inicialmente planearon cerrar el programa después de que lo completara el primer grupo de estudiantes. Pero como seguían llegando las solicitudes de ingreso, se decidió repetir el programa de estudios y trasladarlo de Madrás a Bangalore. En 1984 el programa se desvinculó de la AETEI, y en 1985 el instituto (SAIACS) fue inscripto como fondo educativo en Bangalore, con el Dr. Houghton como rector.[3]

El SAIACS fue creado ante la necesidad de responder a varias preocupaciones: la "fuga de cerebros" (estudiantes indios que no regresan a la India después de estudiar en universidades occidentales), la irrelevancia de la educación teológica occidental para el contexto del sur de Asia, y el deseo de una mejor mayordomía financiera.

En el principio, la biblioteca

En el año 1982 —cuando el Instituto estuvo primero en Chennai, y luego en Madrás— la colección de la biblioteca consistía en doscientos libros y algunas revistas que pertenecían al fundador y rector, el Dr. Houghton. La colección entera de la biblioteca cabía en una pequeña estantería de madera. Esta estantería hoy se encuentra en la oficina del bibliotecario principal, como recordatorio de los inicios de la biblioteca. Al principio uno de los estudiantes se encargaba de cuidar la biblioteca, y todos los días contaba los libros. En 1984, los programas del SAIACS se trasladaron a Bangalore. Como el SAIACS no tenía instalaciones propias, comenzó en un edificio alquilado en Bangalore. La oficina del rector estaba en un garaje, y la biblioteca y la recepción compartían

---

2. South Asian Institute of Advanced Christian Studies, ed., *SAIACS: The First Thirty Years* (Bangalore: SAIACS Press, 2012).

3. https://www.saiacs.org.

una misma oficina. Las clases se dictaban en varias casas. La visita de un equipo de acreditación de la Asociación Teológica de Asia en 1983 alentó a que la escuela siguiera ofreciendo sus programas y enfáticamente recomendó que desarrollase más la biblioteca. Se adquirieron libros de diversas fuentes, y la colección creció. Alrededor de esa misma época se dio un interesante desarrollo en la historia de las bibliotecas teológicas en Bangalore. En 1985 hubo una reunión formal de cinco bibliotecas de seminarios, que con el tiempo se convirtió en una exitosa red de bibliotecas en la India, conocida como el Comité Conjunto de Bibliotecas (JLC, por su sigla en inglés). El SAIACS fue uno de los miembros fundadores del JLC. El acuerdo formal permitía que los estudiantes del SAIACS usaran los recursos disponibles en las bibliotecas con membresía en el JLC.

Imagen 7: Biblioteca del SAIACS

En el año 1987, los recursos de la biblioteca alcanzaron los siete mil tomos, y a principios de 1989 surgió la esperanza de que el instituto pudiera trasladarse a un nuevo campus. En 1987, durante el período de planificación para la adquisición de una propiedad en las afueras de Bangalore, el SAIACS se trasladó temporalmente a un instituto bíblico cercano a la nueva ubicación. La colección de la biblioteca del SAIACS se mantuvo aparte en esa institución, al igual que los servicios bibliotecarios y los préstamos. Un bibliotecario estudiantil cuidaba de la colección durante sus tiempos de receso. En ocasiones los estudiantes se trasladaban a bibliotecas de otras instituciones de la ciudad para usar sus recursos. El desarrollo de la biblioteca fue gradual pero constante. El rector fundador tuvo una participación activa en el desarrollo de la colección de la biblioteca. Además, a los miembros de la facultad se les animaba a recomendar libros para ser adquiridos por la biblioteca. Los miembros de la facultad frecuentemente visitaban las librerías locales, los almacenes de las editoriales y las exposiciones de libros. Estas fueron algunas de las iniciativas que apoyaron el crecimiento de la biblioteca.

Una vez adquirida la nueva propiedad, el edificio administrativo del nuevo campus fue completado y dedicado en enero de 1989. La biblioteca fue trasladada desde el instituto bíblico adyacente —donde había permanecido por algunos meses— a uno de los salones grandes del primer piso. El espacio se utilizaba como biblioteca y como aula, pero luego de un tiempo se desarrollaron grietas en la pared debido al peso de los libros. Así que rápidamente se trasladó la biblioteca a la planta baja. En ese momento, la biblioteca añadió algunos recursos de referencia importantes, como las colecciones Biblical Illustrator y Pulpit Commentaries, y otras sobre misión y teología pastoral, para satisfacer las crecientes necesidades de los programas académicos. La administración del SAIACS sintió la necesidad de contar con un edificio aparte para la biblioteca, que pudiera albergar una colección de 100.000 libros. Dicho edificio fue construido y dedicado en marzo de 1993. Actualmente la colección de la biblioteca supera los 65.000 libros.

El inicio de un Programa de Doctorado

A pesar de que el SAIACS se inició para ofrecer un programa de misiología a nivel de maestría, a partir de 1987 hubo una serie de conversaciones e iniciativas de la junta directiva de la entidad para explorar la posibilidad de ofrecer un programa de doctorado, incluso en alianza con universidades extranjeras. En 1988 se introdujeron los programas de doctorado en Misiología (DMiss) y en Ministerio (DMin). Estos programas están principalmente dirigidos a apoyar a quienes ejercen el pastorado y el liderazgo en organizaciones misioneras. La persistencia de los esfuerzos del rector y las alianzas con varias organizaciones han ayudado a que la biblioteca crezca.

En 1990 la colección de la biblioteca superó la marca de los 10.000 libros, con una adquisición anual de alrededor de 1.500 tomos. Mediante fondos extranjeros donados, la colección pronto creció a 15.000 libros y 165 suscripciones de revistas.

El año 1997 fue un hito importante en la vida del SAIACS. La Universidad de Mysore, una de las universidades estatales en Karnataka, le otorgó el reconocimiento oficial como centro de investigación a fin de ofrecer doctorados especializados en Cristianismo a través del Departamento de Estudios Cristianos de dicha universidad. Este reconocimiento sirvió para que el SAIACS pudiera ofrecer un programa de doctorado reconocido por una universidad estatal de la India. Para este momento, los recursos de la biblioteca también se ampliaron, y la adquisición de nuevos libros fue impulsada con la ayuda de las recomendaciones de la facultad. Así, la colección alcanzó los 20.000 libros y las suscripciones llegaron a 180 revistas. Una de las personas que apoyaba al SAIACS, la Sra. Margaret Falkowski, ofreció suscribirse a las revistas en nombre de la institución, y enviarle los ejemplares una vez por semestre. Este acuerdo continúa hasta hoy. Le ha ahorrado una gran cantidad de costes de envío al presupuesto de la biblioteca y ha limitado la carga financiera de la institución. En 1997, sucedió otro importante desarrollo para la biblioteca: la visita del bibliotecario retirado, el Sr. William Dale Ward (de Canadá), por consejo del Prof. David Sherbino del Tyndale University College & Seminary de Toronto. Esta visita posibilitó un acuerdo para que Tyndale College comenzara a ayudar a la biblioteca del SAIACS con suscripciones a recursos electrónicos.

La participación de Dale Ward, siendo él mismo un bibliotecario con mucha experiencia en soluciones de software de biblioteca, ha jugado un papel muy importante en el crecimiento de la biblioteca del SAIACS. En visitas periódicas, el Dr. Ward proveyó capacitación para el personal de la biblioteca en el uso de Internet y en la adquisición de software de biblioteca. Tras el nombramiento del actual bibliotecario, en el año 2004, el Sr. Ward no sintió la necesidad de más visitas. Sin embargo, ha seguido en un rol de mentor y guía para el bibliotecario en su tarea de crear vínculos con varias otras bibliotecas y asociaciones de bibliotecas.

Las tecnologías de la información y su aplicación

Además de ofrecer servicios regulares a estudiantes y profesores, la biblioteca también recibió pedidos para asistir a los estudiantes en la mecanografía de sus trabajos. Incluso se le pidió a un miembro del personal de la biblioteca que ayudara a corregir errores gramaticales y ortográficos. Con el correr del tiempo, se hizo evidente la necesidad de introducir computadoras electrónicas. El año 1995 marcó un hito con la compra de los primeros diez equipos. Se destinaron principalmente para que los estudiantes pudieran producir sus trabajos escritos por su cuenta, lo cual alivió enormemente al personal de la biblioteca. Como solo había diez computadoras disponibles para este fin, los estudiantes reservaban franjas horarias y a veces incluso se quedaban hasta tarde en la noche completando sus trabajos.

En esos tiempos la adquisición de libros en CD-ROM se consideraba algo novedoso, ya que se podían almacenar cientos de libros en un solo disco. Así fue como se implementaron los planes para el desarrollo de recursos en ciencias bíblicas, teología pastoral, y para el departamento de Religión, poniendo a disposición (en CD-ROM) varias reconocidas series de comentarios y otros libros de referencia. Alrededor de este período, el rector fundador, siendo él mismo historiador, mostró mucho interés en la adquisición de materiales en formatos de microfilme y microficha sobre la era temprana de la iglesia y de las misiones. Estos recursos aportaron a fortalecer aún más la colección de la biblioteca y a que se convirtiera en una biblioteca de investigación.

También se reconoció la necesidad de automatizar los procesos bibliotecarios, y en 1998 se inició la introducción de un sistema integrado de gestión bibliotecaria. Como parte de este proceso, un equipo visitó varias bibliotecas universitarias y teológicas de la India y finalmente presentó una propuesta. El equipo estaba formado por el bibliotecario del SAIACS y un bibliotecario visitante canadiense con experiencia en el tema. Al final, se escogió el sistema SLIM++ desarrollado por Algorithms Pvt Ltd (de Pune, India), que también era utilizado por otro seminario en Pune. La introducción de un sistema computarizado en la biblioteca llevó a que en el año 2000 esta desarrollara su infraestructura de TICs.

El desarrollo de software de código abierto ha recibido mucha atención y aprecio entre las bibliotecas del mundo mayoritario. El desembarco de varios productos de código abierto, como Koha, NewGenLib y otros, ha causado cambios significativos en las bibliotecas de la India. La biblioteca del SAIACS planeó su migración a Koha —desde el software SLIM++— en el año 2013. La migración no fue un proceso fácil, pero con mucha perseverancia se completó la transferencia de datos en dos años. La asistencia a talleres y la implementación de un servidor de demostración ayudó a capacitar al personal en el uso de Koha. Se implementó el acceso remoto al catálogo de la biblioteca y la integración con los recursos electrónicos. Luego de mucha deliberación y de evaluar diversos productos, identificamos el EZproxy de OCLC como el más útil para apoyar el acceso remoto a los recursos de la biblioteca. La implementación de EZproxy fue oportuna, y durante el periodo de la pandemia de COVID-19, tanto estudiantes como profesores han podido acceder a nuestros recursos sin importar su ubicación.

Desarrollo de colección

La biblioteca del SAIACS adquiere recursos según (1) las necesidades expresadas por los profesores para satisfacer los requisitos de sus cursos y (2) lo que los estudiantes necesitan para sus investigaciones de tesis. No se formó un comité oficial de la biblioteca hasta el año 2001. Sin embargo, la mayoría de los planes e ideas para el desarrollo de la biblioteca surgieron de los retiros de profesores y personal en los encuentros del Comité Joel.[4] Ese entorno alentó a que los miembros de la facultad tuvieran sesiones de lluvia de ideas e hicieran propuestas, incluyendo algunas para el desarrollo de la biblioteca. También, siempre se les animó a los profesores a sugerir libros que la biblioteca pudiera adquirir. El rector estuvo constante y proactivamente involucrado en el proceso de agregar libros y era quien tomaba las decisiones finales. No había una política de desarrollo de colecciones como tal; sin embargo, con la participación de los miembros de la facultad y el rector, prácticamente no había recursos no deseados o no utilizados entre los que fueron añadidos a la biblioteca.

La alianza con Overseas Council International (OCI) y OC de Nueva Zelanda y Australia fue significativa para el crecimiento de SAIACS. Dicha asociación ayudó en la obtención de varias colecciones básicas de libros. También asistió en el desarrollo del personal. La decisión de formar un centro regional de investigación en colaboración con Scholar Leaders International (SLI) y el Theological Book Network (TBN) ha mejorado significativamente las colecciones especiales enfocadas en ciencias bíblicas, religión, teología y teología pastoral. La donación de libros de profesores retirados ha sido otra fuente importante de adquisiciones para la biblioteca del SAIACS. El rector fundador y su esposa siempre conversaron con los profesores cercanos a retirarse para preguntarles acerca de la posibilidad de que donaran sus bibliotecas personales. Estas bibliotecas personales siempre han contenido algunas de las mejores colecciones de libros. Una donación notable fue la del profesor Robert Eric Frykenberg. Le añadió un valor importante a la colección de la biblioteca, ya que comprende una de las mejores colecciones de recursos sobre la historia, la misión y las religiones del Sur de Asia. En diciembre del 2019 la doctora Patricia Harrison de Australia donó su colección personal a la biblioteca del SAIACS. Esta donación incluyó 6.000 obras en las áreas de misiología y estudios interculturales. Dicha colección además incluía una gran cantidad de recursos bíblicos y teológicos para apoyar el estudio de las religiones, la teología, la sociología y otras disciplinas.

El apoyo de Langham Literature también ha contribuido al crecimiento de la biblioteca, a través de sus subvenciones para bibliotecas y otros donativos de libros. La biblioteca además tiene pedidos permanentes con un número

---

4. El "Comité Joel" se compone de miembros del personal y de la facultad. Acostumbra reunirse durante el retiro anual del SAIACS para desarrollar ideas y planificar futuros desarrollos.

selecto de editoriales de la India, lo cual ha servido para agregar partidas de publicaciones locales en forma regular y constante. La falta de desarrollo de la colección ha sido un desafío en los últimos años, y la biblioteca tiene planeado adoptar una nueva política de desarrollo de colecciones. Al día de hoy, la biblioteca del SAIACS se suscribe a 200 revistas impresas, tiene más de 65.000 libros y 500 microfichas, y provee acceso a bases de datos en línea como ATLA Religion Database (con ATLA Serials), JSTOR, Global Digital Theological Library, etc.

Recursos electrónicos

Con el fin de cosechar los beneficios de las nuevas tecnologías y de los recursos digitales y para responder a las necesidades de los programas académicos, en el año 2003 la biblioteca del SAIACS, en asociación con el Seminario Tyndale (Toronto), inició una suscripción en CD-ROM a la Base de Datos de ATLA RDB (ATLA Religion Database). ATLA había introducido un programa especial a través del cual una biblioteca norteamericana podía obtener una segunda suscripción al ATLA RDB a un precio reducido, y donarla a una biblioteca del mundo mayoritario. El apoyo de Tyndale en la adquisición de tal suscripción fue muy importante para el SAIACS. Más adelante, en 2008, migramos a una suscripción en línea a ATLA RDB (con ATLA Serials) a través de la plataforma de EBSCO. ATLA (Serials) ofrece acceso al texto completo de artículos de más de 360 revistas. A través del consorcio de bibliotecas cristianas de la ACL (Asociación de Bibliotecarios Cristianos, por su sigla en inglés), de la cual el bibliotecario del SAIACS es miembro, la biblioteca adquirió 1.400 libros digitales a precios reducidos. De esta manera se añadió una importante colección de libros digitales sobre teología pastoral, religión y ciencias bíblicas.

La biblioteca del SAIACS fue la primera biblioteca de la India en suscribirse a las principales bases de datos religiosas y teológicas en línea. Mientras tanto, la biblioteca también ha actualizado su versión en CD-ROM del Theological Journal Library al sistema de software Logos. A la fecha (2020), el sistema Logos de la biblioteca del SAIACS cuenta con cerca de 4.000 recursos electrónicos. Además, desde 2015, la biblioteca ha adquirido la suscripción a JSTOR a través de su membresía en el consorcio nacional INFLIBNET (Information Library Network). JSTOR ofrece el texto completo de artículos de 2.000 revistas. La suscripción a la GDTL (Global Digital Theological Library) ha ampliado aún más los recursos digitales disponibles para los estudiantes y los miembros de la facultad.

El personal y el comité de la biblioteca

Hasta el año 2001 no había un comité de biblioteca. Antes de eso, la mayoría de los asuntos de la biblioteca eran conversados y decididos en las reuniones de la facultad, lo que parecía facilitar la toma de decisiones y su implementación. Se incluía al personal de la biblioteca en las deliberaciones cuando era necesario tomar decisiones importantes. En ese entonces el personal consistía de solo dos bibliotecarios entrenados, además de dos asistentes. Yo me incorporé al equipo en 2004 e introduje los estándares ahora vigentes para los servicios bibliotecarios. En la actualidad, el personal de la biblioteca está compuesto por cuatro bibliotecarios profesionales, uno con un doctorado en Bibliotecología y Ciencias de la Información (LIS, por su sigla en inglés). Como parte del apoyo que se presta a otras bibliotecas, la biblioteca del SAIACS ha diseñado un programa de certificado de tres meses en Bibliotecología Teológica. A través de este programa se han capacitado a más de cincuenta bibliotecarios. A partir de 2021, el SAIACS tiene planeado ofrecer un curso en línea de bibliotecología teológica a nivel de posgrado. En lo que respecta al personal de la biblioteca, la institución siempre ha apoyado el desarrollo y la actualización de sus conocimientos con los desarrollos de punta en el campo de la bibliotecología y las ciencias de la información. Se ofrece apoyo financiero para que el personal asista a conferencias, talleres y cursos de actualización. Uno de los bibliotecarios asistentes ha sido entrenado en la gestión de archivos en el Seminario Teológico de Asbury (Kentucky, EE.UU), y el actual bibliotecario recibió apoyo para sus estudios de doctorado en Bibliotecología y Ciencias de la Información (LIS).

Apoyo a los estudiantes de doctorado

La biblioteca ha establecido cubículos especiales de lectura —o de investigación— para estudiantes de los programas de MTh y doctorado. Esto ayuda a que los estudiantes disfruten de un espacio de lectura tranquilo y sin interrupciones. Se les permite tener un cierto número de libros en sus cubículos para facilitarles el acceso rápido. Otros estudiantes que necesitan consultar los libros usados por los estudiantes de tesis se acercan al personal de la biblioteca para recibir asistencia. Al comienzo de cada año académico, los estudiantes reciben orientación sobre el uso de la biblioteca. Además, los estudiantes de tesis pueden hacer recomendaciones a la biblioteca para la adquisición de nuevos libros. Esto ayuda a la biblioteca a discernir las necesidades, y a añadir títulos útiles a su colección. Los supervisores de los estudiantes de doctorado siempre colaboran estrechamente con el personal de la biblioteca para velar por que se satisfagan las necesidades de los estudiantes de doctorado. La biblioteca ofrece capacitación a los estudiantes de doctorado y maestría —para sus tesis— en el marco de los seminarios en que estos presentan sus propuestas. Esto permite que la capacitación presentada por el personal de la biblioteca sea más específica a estos usuarios y orientada a apoyar sus proyectos escritos. A lo largo del proceso de escritura de tesis, el bibliotecario en jefe tiene interacciones personales regulares con los estudiantes de doctorado para conocer cómo están progresando en sus tesis, así como para identificar sus necesidades de información. Las interacciones personales siempre han servido para que la biblioteca añada recursos importantes y actualice las colecciones en diversos departamentos. Los supervisores de tesis insisten en que sus estudiantes se reúnan con el bibliotecario en jefe regularmente para obtener acceso a los recursos necesarios para sus proyectos de investigación.

Redes interbibliotecarias

Para asegurar el acceso oportuno a los recursos necesarios para los estudiantes a través de préstamos interbibliotecarios (PI), el SAIACS es miembro activo de varias asociaciones, como el Comité Conjunto de Bibliotecas (JLC), la asociación nacional de bibliotecas de la India, ATLA, ACL y ForATL. El catálogo unificado de la JLC contiene más de un millón de registros bibliográficos, y facilita el acceso de los estudiantes a recursos disponibles en otras bibliotecas. El acuerdo con la JLC para PI es uno de los mejores modelos en la India. Con este acuerdo, las bibliotecas con membresía son responsables de asegurar el retorno de los libros prestados por otros miembros de la JLC.

En el 2012, el SAIACS y el Seminario Teológico de Asbury firmaron una carta de intención, que facilitó que la biblioteca del SAIACS pudiera crecer estratégicamente en el equipamiento y la formación de su personal y en el acceso a contenidos digitales, sin incurrir en infracciones relacionadas con los derechos de autor. El Sr. Prasada Rao, miembro del personal de nuestra biblioteca, fue enviado al Seminario Teológico de Asbury para recibir capacitación en archivística y en otras prácticas relacionadas con la preservación y conservación de materiales con valor histórico. La visión de este acuerdo es apoyar la adquisición mutua de recursos publicados en la India y en Asia de los que no se dispone fácilmente en América del Norte. La relación con Asbury aportó al desarrollo de la colección de la biblioteca del SAIACS, enriqueció el desarrollo de las habilidades de su personal y facilitó la disponibilidad de servicios de préstamo interbibliotecario.

Mediante acuerdos especiales con otras bibliotecas y bibliotecarios de los Estados Unidos, la biblioteca del SAIACS tiene la posibilidad de obtener artículos, capítulos de libros y ponencias de conferencias para sus estudiantes de tesis de doctorado y maestría.

Experiencia de aprendizaje

Estoy muy contento de formar parte de la biblioteca del SAIACS desde 2004. Considero que ha sido un honor y un privilegio servir a los investigadores y responder a sus necesidades. Es solo por la gracia y la fuerza de Dios que hemos podido elevar los estándares de la biblioteca del SAIACS y hoy estar a la altura de cualquier biblioteca de investigación. Es un proceso continuo; la excelencia no es un destino sino una travesía. Mi sueño para la biblioteca es que siempre mantenga los estándares altos y que sea un modelo a seguir para otras bibliotecas. Por mi parte, sigo trabajando en red con colegas de todo el mundo, lo cual agudiza mis habilidades e ideas. Tenemos planes, ya en proceso, para implementar servicios de descubrimiento y un repositorio institucional para el SAIACS. Además, la biblioteca del SAIACS desea colaborar con agencias misioneras autóctonas de la India, sirviendo como repositorio digital de sus archivos y registros misioneros, con el fin de apoyar el saber y la erudición locales y preservar esos registros para generaciones futuras.

4. "Un trabajo misionero en sí mismo": La biblioteca John Smyth del International Baptist Theological Study Centre (Ámsterdam)

Pieter van Wingerden, Bibliotecario

Era junio del 2014. Al fin estaba sucediendo. Después de un largo período de preparación, los camiones de mudanza, llenos hasta el tope con libros y estanterías, estaban ya partiendo del Seminario Teológico Bautista Internacional en Jenerálka, Praga. Bajo la atenta mirada del gerente de la transición, David McMillan, y del bibliotecario en jefe, Zdenko S. Širka, los camiones llegaron a Ámsterdam para descargar una biblioteca de 41.000 volúmenes en su nuevo hogar. Tomó varias semanas montar las estanterías, desempacar, y colocar los libros en sus ubicaciones correctas. El 3 de agosto del 2014, cuando entré por primera vez a la biblioteca, en el tercer piso de un típico edificio de oficinas, me sorprendió. Parecía un lugar que no era de este mundo. Durante los próximos tres años, este edificio —indistinguible de cualquier otro edificio de oficinas— sería el hogar de un verdadero tesoro: setenta años de historia bautista europea. Desde entonces, nos hemos trasladado al otro lado de la calle, a un edificio que antes era conocida como la Iglesia Memorial John Smyth. La biblioteca, bautizada en 2019 como la Biblioteca John Smyth (en remembranza del nombre original de la iglesia), se encuentra en el piso superior, por encima del salón principal de la iglesia. La iglesia aún sirve como lugar de reunión para varias congregaciones locales y regionales, y funge como sede de la Federación Bautista Europea, la Unión Bautista Holandesa, el Seminario Bautista Holandés, además de ser nuestro hogar.

Tenía algo de experiencia trabajando en una biblioteca en un contexto misionero, pero me sentí un novato cuando Zdenko usó los siguientes dos días para darme un curso relámpago sobre el funcionamiento interno de esta biblioteca. Desde aprender el sistema de clasificación (el sistema Decimal Dewey con códigos Cutter) hasta catalogar libros (en formato MARC21, según los patrones de LC), pronto estuve profundamente inmerso en un nuevo mundo, uno que a simple vista está mayormente oculto. Esa misma semana Zdenko volvió a Praga y quedé solo, teniendo que valerme por mi mismo en una institución recién fundada.

Imagen 8: Ventanas de la biblioteca del IBTSC (primer piso)

En el transcurso de los siguientes años aprendí mucho acerca de nuestra herencia: cómo se fundó la institución en 1949, en Rüschlikon-Suiza, como una misión tipo Plan Marshall de la Junta de Misiones Extranjeras de la Convención

Bautista del Sur; cómo empezamos como un seminario internacional con el objetivo de entrenar a pastores y líderes bautistas europeos; cómo fue un lugar de reconciliación europea después de una guerra devastadora; cómo con el paso de las décadas cada vez más organizaciones bautistas europeas pudieron establecer sus seminarios; cómo nos mudamos a Europa del Este a mediados de los años noventa para estar más cerca de los que más necesitaban de nuestra educación; cómo las limitaciones financieras nos llevaron a dejar nuestras hermosas pero costosas instalaciones en Praga. Hemos ofrecido diversos programas y títulos a lo largo de nuestros más de sesenta y cinco años de vida: niveles de grado universitario y de maestría en Rüschlikon-Suiza; un nivel de maestría y un programa muy exitoso de Certificado en Teología Aplicada en Praga. La aventura de crear un programa de estudios de doctorado inició en 1999, en colaboración con la Universidad de Gales (UoW). Después de una visita final y decisiva, la UoW decidió validar los programas de MTh, MPhil y PhD impartidos por el IBTS. A fin de asegurar una preparación efectiva para los estudios de doctorado, en el 2007 se inició un programa de Certificado Postgrado. La obtención de este certificado habilitaba a nuestros estudiantes —provenientes de trasfondos educativos muy diversos— para inscribirse en el programa de doctorado.

Desafortunadamente, los registros no mencionan si la biblioteca desempeñó algún papel en las conversaciones que llevaron a la fundación del programa de doctorado. No heredé ningún documento estratégico de la biblioteca, por lo que me inclino a pensar que no se realizó un trabajo detallado sobre las implicaciones que tendría el inicio de un programa de doctorado para el desarrollo de la biblioteca. Los informes de mis antecesores confirman dicha impresión. La historia no desvela por qué la biblioteca no fue debidamente considerada en esos procesos.

La dicha de tener nuestro propio programa de estudios de doctorado no duró mucho. La Universidad de Gales fue disuelta de forma inesperada en 2011, y nuestro programa de doctorado sufrió las consecuencias. Se hicieron provisiones para que los estudiantes en curso pudieran continuar, pero no se aceptarían nuevos estudiantes. Esto le dejó al IBTS un enorme problema. Con todo eso y los desafíos financieros que enfrentaba en ese momento, se tomó la decisión de trasladar la institución de Praga a otra ciudad. Luego de una cuidadosa valoración, Ámsterdam fue escogida para la nueva sede. En junio de 2013 se firmó un acuerdo con la Vrije Universiteit Amsterdam (VU), que sería el nuevo socio para la validación del programa de doctorado.

El programa actual de doctorado incluye los siguientes componentes: un Certificado de Postgrado de 30 créditos ECTS (Sistema Europeo de

Transferencia y Acumulación de Créditos), la formulación de una propuesta de investigación doctoral y una disertación escrita. El Certificado de Postgrado (de un año) está convalidado a través del Consejo Europeo de Educación Teológica. La VU lo reconoce para la admisión a la Escuela de Posgrado de su Facultad de Religión y Teología. Los estudiantes reciben una introducción presencial a los recursos de la biblioteca cuando llegan por primera vez al campus. En enero de cada año los estudiantes regresan para un coloquio de seis días donde presentan sus trabajos, reciben comentarios de pares y supervisores, y trabajan en las instalaciones de la biblioteca. Durante el año, tienen acceso a recursos electrónicos a través de las bibliotecas del IBTSC y de la VU.

Como el nuevo bibliotecario de una nueva institución con un nuevo socio para un nuevo programa de doctorado, tuve que considerar muchos aspectos. El primer problema que tuve que enfrentar fue cómo servir a estudiantes con quienes nunca nos habíamos visto y con quienes normalmente solo me reunía una vez al año durante un breve coloquio doctoral. Los 41.000 tomos impresos de la biblioteca no les iban a servir de mucho durante la mayor parte del año. En Praga, eramos miembros de dos consorcios que ofrecían acceso a las bases de datos de ATLA® (con ATLASerials®) y de EBSCO (Academic Search Complete). Con el cambio de país ya no podíamos seguir participando en el consorcio apoyado por el gobierno checo, así que perdimos el acceso a EBSCO Academic Search Complete; y la participación en un consorcio holandés similar estaba fuera de nuestro alcance financiero. EBSCO nos permitió seguir con la suscripción checa a ATLA para facilitar la transición. También nos suscribíamos a una pequeña colección de revistas a través de ProQuest y a dos colecciones de libros digitales de editoriales académicas (Oxford University Press y Cambridge University Press).

Estas cuatro colecciones digitales no estaban mal como recursos complementarios. Pero como sustituto del acceso ilimitado a una colección impresa era, relativamente, una pobre —quizás aun mísera— alternativa. Mi primera tarea fue asegurar que nuestros estudiantes a distancia pudieran acceder a una holgada variedad de recursos electrónicos. Fue útil nuestra asociación con la VU, porque nuestros estudiantes eran elegibles para recibir una credencial digital (VUnetID) que les permitía el acceso remoto a todos los recursos digitales de la VU. Sin embargo, el proceso de matrícula en la VU es un tanto engorroso, y no todos los estudiantes cuentan con las destrezas digitales necesarias para hacerlo.

Las bendiciones llegaron a través de un visionario estadounidense, apasionado por las misiones, con quién me encontré en septiembre de 2016, en la 45ª conferencia anual de la BETH (Bibliothèques Européennes de

Theólogie = Bibliotecas teológicas europeas). Las ponencias de la conferencia giraban en torno al tema del acceso abierto. Uno de los oradores fue el Dr. Thomas E. Phillips, decano bibliotecario de la Claremont School of Theology en California, quien habló sobre la Biblioteca Abierta de Humanidades (OLH). Tom acababa de lanzar una nueva iniciativa, la Biblioteca Teológica Digital (DTL), una biblioteca para estudios religiosos y teológicos, de titularidad compartida y digital desde el principio. Cada institución titular aporta una cuota anual basada en su estudiantado (según el índice FTE que calcula su equivalente en número de estudiantes a tiempo completo), y sus usuarios reciben acceso remoto a todos los contenidos de dicha biblioteca digital. Ya que tenemos relativamente pocos estudiantes, y todos estudian a tiempo parcial, esta es una solución de costo muy accesible para nuestra biblioteca. Nuestros estudiantes tienen acceso remoto a más de 600.000 libros digitales y millones de artículos en varias áreas de estudio.

Ya que otras áreas están cubiertas por la DTL y otros recursos electrónicos, en nuestra política de desarrollo de colecciones, hemos designado nuestra colección de materiales impresos como una biblioteca de investigación bautista (Nivel 4 del Conspectus de la IFLA). Nuestra ambición es hacerla crecer en nuestra especialidad: la identidad, misión y práctica bautista en la región geográfica de Europa, Medio Oriente y Asia Central, y también en otras regiones.

Si hoy tuviera que resumir mi rol, en líneas generales caería bajo tres categorías:

1   Asistencia para materiales de referencia

2. Adquisiciones

3. Contactos nacionales e internacionales

Asistencia para materiales de referencia

Mi primera y principal tarea es ayudar a los estudiantes de investigación. En la actualidad tenemos treinta y siete estudiantes en diversas etapas de sus doctorados. Todos reciben acceso a la DTL, y es mi responsabilidad instruirles en cómo usarla. También soy la persona a quien acuden cuando se encuentran en un callejón sin salida con respecto a la obtención de recursos. Como copropietario de la DTL, uno de mis privilegios es que puedo solicitar nuevos títulos para la biblioteca, y esto ha sido tremendamente útil en muchos casos. Aunque a veces no es posible adquirir toda una revista solo para tener acceso a uno de sus números. A través de redes internacionales he podido obtener casi todo lo que los estudiantes han necesitado para sus investigaciones. Como estudiantes e investigadores independientes, a veces pueden sentirse aislados. Mi rol, según lo veo yo, es ayudar a disipar sus preocupaciones en cuanto a la obtención de recursos y materiales de referencia.

Adquisiciones

Nuestro deseo es que la Biblioteca John Smyth sirva como *la* biblioteca europea de investigación bautista. El principal objetivo de nuestras adquisiciones es la incorporación de materiales de y sobre los bautistas de todas las comunidades bautistas europeas, escritos en inglés y en otros idiomas. Esto se complementa con una colección exhaustiva de monografías y revistas en el área temática de los Estudios Bautistas. El objetivo es proveer una ubicación central en Europa donde se documenta la historia de la fe bautista en el continente. Los planes futuros incluyen la digitalización de materiales bautistas, con valor histórico, de varios países europeos. La meta es ponerlos a disposición con acceso abierto y con la opción de búsqueda de texto completo, lo que simplificará la investigación doctoral y otras investigaciones sobre la historia de la identidad, misión y práctica bautista. Mi tarea es asegurar que este material esté disponible internamente aun antes de que los investigadores se den cuenta que lo necesitan.

Contactos nacionales e internacionales

Nuestra biblioteca está integrada a un ámbito internacional. Ya que enfocamos en los estudios bautistas europeos, nuestras principales redes están en Europa. Estamos conectados, en diversas modalidades, a las redes de bibliotecas teológicas europeas, holandesas, británicas, alemanas, francesas, euroasiáticas y norteamericanas. Esto ha dado lugar a importantes alianzas y acuerdos, los cuales han demostrado sus beneficios para nuestros estudiantes de investigación.

Reflexionando sobre los principios planteados en este libro, al parecer las cosas nos vinieron en un orden alterado. La institución avanzó, tomó medidas y cambió programas, sin involucrar a la biblioteca en las deliberaciones estratégicas. (Sin embargo, siendo sus directivos amantes de los libros, asignaron un presupuesto holgado para la compra de libros.) La falta de participación dejó al bibliotecario en la desafortunada circunstancia de contar con 41.000 libros sin estudiantes para utilizarlos. En retrospectiva, todos los avances estratégicos surgieron de una situación irregular y despareja, en la que no se desarrolló ninguna estrategia para la biblioteca cuando la institución cambió de dirección. Algunos de los reveses, sin embargo, se pudieron remediar más adelante.

De las cinco áreas planteadas en este libro, creo que tenemos la casa en orden para las primeras tres.

Área 1: La integración de la biblioteca en la planificación de un programa de doctorado

Estamos en una situación de lujo en cuanto hemos solventado el problema de tener una biblioteca de materiales impresos antes de contar con los estudiantes que la usarían. Gracias a la DTL y a un cómodo presupuesto, hemos podido sacar ventaja de la situación. A nuestros estudiantes les ofrecemos amplios recursos electrónicos, y a la vez nuestro presupuesto para adquisiciones impresas lo encauzamos a robustecer la colección de base. Ya que el programa de doctorado es un asunto medular para la institución, la biblioteca tiene a los estudiantes de doctorado como su enfoque central.

Área 2: Alianzas y colaboraciones

Nuestra institución es aún muy pequeña. Nuestro personal consiste en dos personas a tiempo completo y tres a tiempo parcial, apoyados por un grupo variable de adjuntos, contratistas y voluntarios. De esa manera podemos mantener un contacto fluido entre nosotros, con la biblioteca como pieza medular. El equipo de la biblioteca es unipersonal, por tanto me es de suma importancia estar bien anclado en la comunidad bibliotecaria nacional e internacional. Mantengo vínculos estrechos con varias universidades teológicas denominacionales en los Países Bajos, lo cual ha sido muy provechoso. Compartimos un catálogo unificado con otras dos universidades, y traemos a la conversación teológica y académica —mayormente de orientación reformada— una perspectiva evangélica y de Iglesia Libre. Sin nuestras relaciones internacionales no habríamos podido ser cotitulares de la DTL, lo cual les habría hecho la vida bastante más difícil a nuestros estudiantes de investigación.

Área 3: Desarrollo y gestión de colecciones

En los últimos años he trabajado mucho en las áreas de desarrollo de colecciones, catalogación y recursos electrónicos. Desde hace cuatro años tenemos una política de desarrollo de colecciones. Eso nos condujo a elaborar un plan estratégico a largo plazo centrado en preservar el patrimonio bautista para el futuro. Hemos migrado a un nuevo catálogo que visibiliza nuestra colección al nivel de WorldCat (www.worldcat.org), y nos ha facilitado participar de una red nacional e internacional de préstamos interbibliotecarios.

Las otras dos áreas todavía requieren bastante atención por parte de nuestra institución.

Área 4: Los roles del personal de la biblioteca

Yo soy un bibliotecario a tiempo parcial a cargo de toda una biblioteca. Eso impone severas limitaciones sobre mi tiempo y no me permite desarrollar todo lo que me gustaría ver desarrollado. A veces incluso las pilas de materiales a catalogar son razón para el desánimo, pero estoy seguro de que esto sucede aun en bibliotecas con más personal.

Área 5: Alfabetización informática en programas de doctorado

Dado que nuestros estudiantes vienen con un título de maestría, puedo contar con que ya tienen un cierto nivel de alfabetización informática. Pero el hecho de que el estudiantado proviene de todas partes del mundo implica que tienen niveles muy diversos de alfabetización informática. Suelo iniciar a los estudiantes de investigación en los secretos de una biblioteca cuando vienen a Ámsterdam para su primera semana del Certificado de Postgrado. En ese momento también trato algunas de los posibles escollos de manera general. Aun así, nos beneficiaría tener un enfoque más completo y sistemático para ayudar a que los estudiantes tengan todo eso bajo control.

Conclusión

Me entusiasma pensar en el futuro del Centro IBTS y de la Biblioteca John Smyth. Estamos en condiciones mucho mejores ahora que cuando entré por primera vez en agosto de 2014. Como muestra esta historia, en múltiples ocasiones la institución ha fallado en tomar en cuenta los principios de este libro para pensar en su futuro. Nos hemos encontrado en situaciones precarias donde no había sintonía entre las necesidades de los estudiantes y nuestros servicios. Estoy encantado de que la biblioteca se haya desarrollado hasta alcanzar los estándares requeridos en varias áreas, pero el trabajo no está terminado. Deseamos que nuestros recursos, a través del trabajo de investigación de nuestros estudiantes, contribuyan a la edificación del reino de Dios. En ese sentido, cada biblioteca teológica es, en sí misma, un trabajo misionero.

5. ¿Qué es lo que vemos?: Algunas reflexiones sobre las "Historias de Transición"

Katharina Penner, Coordinadora de Desarrollo de Bibliotecas de la EAAA

1. La planificación de un programa de doctorado: ¡con —no sin— la biblioteca! Como bien demuestran estas historias de instituciones en diferentes partes del mundo, el inicio y la operación de un programa de doctorado en una institución de educación teológica del mundo mayoritario requieren de un esfuerzo coordinado y suponen un largo proceso estratégico.[5] Un programa de doctorado afectará a todas las áreas funcionales de la institución y, por lo tanto, es beneficioso prestarle mucha atención a que la planificación sea sistemática. La biblioteca no es la excepción. El proceso de desarrollo de un servicio de calidad para un programa de doctorado requiere de un abordaje cuidadosamente deliberado, y eso no sucede de la noche a la mañana. La provisión de recursos para la investigación es parte vital de un programa de doctorado; sin embargo, sorprende que pocas veces se incluye al personal bibliotecario en los comités de desarrollo de dichos programas.

La justificación a menudo supone que el liderazgo académico está adecuadamente cualificado para pensar y decidir "por" la biblioteca. Sin embargo, como muestran los principios de la primera parte de este libro, hay otras áreas de la biblioteca, más allá del de adquisiciones, que requieren de atención especial a fin de ofrecer servicios de calidad: específicamente, el personal profesional debe estar bien capacitado y hace falta una infraestructura tecnológica adecuada. Esto se debe, en buena medida, a los rápidos y constantes cambios tecnológicos. También inciden otros factores, como cambios en las prácticas educativas y de investigación, cambios en las expectativas de los estudiantes y de la facultad, además de cambios en las expectativas que enfrentan los graduados en torno a vivir y ministrar en la sociedad de la información. Por estas razones los bibliotecarios, reconocidos como especialistas en información, pueden ayudar a timonear una institución de educación teológica en la dirección necesaria para proveer un apoyo eficaz a la investigación de los estudiantes de doctorado.

---

5. El contexto de la biblioteca del IBTSC en Ámsterdam, en realidad, no es un contexto de mundo mayoritario. Sin embargo, a pesar de su ubicación más privilegiada, enfrentó problemas similares o peores al desarrollar sus servicios para estudiantes de doctorado. A menudo Hong Kong también difiere bastante de instituciones de educación teológica en África, Asia o América Latina, que cuentan con menos recursos. El propósito no es comparar los contextos, sino observar los problemas que enfrentan las instituciones y las bibliotecas al iniciar un programa de doctorado, y aprender mutuamente de nuestros errores.

En el mejor de los casos, la bibliotecaria o el miembro de la facultad responsable de la biblioteca[6] es parte del proceso de desarrollo del programa de doctorado. De esta manera, él o ella puede reunir suficientes detalles e información sobre el futuro programa para transmitirlo al personal de la biblioteca y alertarles sobre las expectativas relativas a la biblioteca. Las expectativas de "mejorar la biblioteca" sin duda existen, pero suelen ser poco claras, poco reflexionadas e insuficientemente comunicadas. Las historias de la AIU y la CGTS claramente demuestran los beneficios de incluir al equipo de la biblioteca —o al menos a una persona de enlace— en el proceso de desarrollo tan pronto como sea posible (ver el Principio #1). Los bibliotecarios son parte integral del proceso educativo y desean contribuir a la calidad y el impacto misional de ese proceso. Si son incluidos en el desarrollo y en la operación de los programas de doctorado, hacen aportes valiosos desde, y acerca de, su pericia profesional que no serán tan obvios para el liderazgo académico.

2. Normas de acreditación. El proceso de desarrollo de un programa de doctorado considerará, en una fase temprana, los estándares de acreditación pertinentes: aquellos que son definidos por el Estado para sus universidades nacionales, así como las directrices aplicables emitidas por organismos de acreditación evangélicos. A veces estos incluyen requisitos muy específicos relativos a las colecciones y el espacio físico, así como respecto al tamaño del personal y sus cualificaciones. También cambian a lo largo de los años y deben ser monitoreados de cerca. Este aspecto tuvo un impacto significativo en la AIU (ver su historia) ya que tuvieron que reclasificar su colección (Principio #9) y proveer desarrollo profesional para su personal (Principio #12); o en la CGTS que debió ampliar significativamente su colección de libros y revistas en otros idiomas —aparte de inglés (Principio #8). A veces las normas de acreditación referentes a la biblioteca son poco claras e imprecisas. Ante tal situación, es aconsejable que la biblioteca busque referentes comparables en otras instituciones similares (a nivel nacional e internacional), para que los graduados de la institución puedan funcionar eficazmente en entornos competitivos a nivel global. Los estándares de acreditación para este, el grado académico más alto, a menudo pretenden que las instituciones sean comparables con universidades estatales, pero quizás esa expectativa no sea siempre realista para

---

6. No parece inusual en el mundo mayoritario que el director de la biblioteca no sea un bibliotecario sino un miembro de la facultad. Muchas cuestiones relacionadas con la biblioteca no son decididas por el personal de la misma sino por el liderazgo académico. Este puede ser un modelo efectivo y funcionar por un tiempo, siempre y cuando el o la responsable sea una persona de "ambos mundos" y esté familiarizada con los procesos especializados de una biblioteca.

instituciones evangélicas pequeñas. El propósito de estos estándares es mejorar la calidad y la transferibilidad/comparabilidad de los títulos académicos. Los directivos responsables de tomar las decisiones deben ser conscientes de que escatimar en el desarrollo de la colección y en los servicios de la biblioteca acarrea la devaluación de la educación doctoral evangélica.

3. Una colección impresa no será suficiente. La administración académica a veces presume que el desarrollo de la biblioteca para estudios de doctorado comprende, principalmente, la compra de más libros (ver las etapas iniciales de la historia del IBTSC). Esta es una perspectiva bastante limitada, que delata cierto desconocimiento de lo que es una biblioteca y la reduce a un "lugar de almacenamiento". Aunque el desarrollo de la colección juega un papel vital que no se puede sobrestimar (ver Principios #5-9), los libros impresos y una clásica "colección de doctorado" estandarizada[7] no serán suficientes, considerando que los temas de doctorado típicamente son muy específicos e individualizados. La historia del IBTSC claramente demuestra que una maravillosa colección impresa es de valor limitado para quienes estudian a distancia. Para que una colección impresa sea útil hace falta una enorme cantidad de tiempo y mucha dedicación por parte de un bibliotecario, porque comprende el escaneado y el envío electrónico de artículos de revistas y capítulos de libros a los estudiantes (Principio #11). Durante la reciente pandemia, muchas bibliotecas alrededor del mundo tuvieron que encontrar formas creativas de "abrir" sus colecciones impresas a los usuarios, en medio de los confinamientos y las restricciones. Una colección impresa se convierte en un recurso para estudiantes y profesores solamente cuando es acompañada por los servicios relevantes que únicamente pueden ser provistos por personas —bibliotecarios capacitados.

La política de desarrollo de colecciones[8] debe incluir referencias específicas para la adquisición de recursos digitales, libros, revistas y

---

7. Estas "colecciones de doctorado" tienden a incluir, mayormente, títulos que parecen importantes según la larga experiencia de las instituciones de educación teológica occidentales —los profesores recomiendan libros de los cuales ellos mismos se beneficiaron durante sus propios estudios de doctorado en Occidente. Si bien son útiles, hace falta encontrar un equilibrio que fomente la investigación doctoral contextual.

8. Muchas instituciones del mundo mayoritario que tienen programas de doctorado han construido excelentes bibliotecas sin tener una política de desarrollo de colecciones. Algunas han elaborado una política en el proceso de desarrollar su biblioteca (documentando las decisiones tomadas sobre la marcha) y algunas lo han hecho un tiempo después de la implementación del programa. Su éxito no dependió de que la política fuera preformulada, sino de una cooperación efectiva y una amplia comunicación entre la facultad, la biblioteca y el comité de desarrollo del programa de doctorado. Aunque exista una política de desarrollo de colecciones, la comunicación y la cooperación siguen siendo necesarias e indispensables. Habiendo dicho eso, una política

disertaciones relevantes (Principio #8), y ha de mencionar la exigencia de considerar las solicitudes individuales de recursos por parte de supervisores y estudiantes de doctorado (Principio #7). También debe complementase con una política de "Servicios para Estudiantes de Doctorado" que especifique las formas en que se proveerán los servicios de préstamo interbibliotecario (PI) y obtención de documentos (Principio #4). El personal de la biblioteca debe tener la visión, la actitud (la compasión y el pensamiento intuitivo —para y junto con los estudiantes), el tiempo, y el equipamiento tecnológico para ofrecer estos servicios (Principio #11). Así podrán ver y desplegar ante los estudiantes todo el universo de información —tanto digital como impreso, pago y libremente disponible en Internet. Esto requiere que la biblioteca tenga una página web bien diseñada y servicios de referencia por correo electrónico y mensajería o presencia virtual en el sistema de gestión de aprendizaje de la institución, al que los estudiantes acceden con regularidad para sus cursos. Los bibliotecarios no deben incentivar que los estudiantes dependan solo de su pericia profesional. Más bien deben ayudar a que los estudiantes desarrollen sus propias habilidades y estrategias de investigación (Principio #14) a fin de ser eficaces en su investigación, enseñanza y ministerio. El servicio individualizado, especialmente en la asistencia de referencia y el desarrollo de competencias informáticas, como ilustra la historia de la CGST, es de gran beneficio para los estudiantes de doctorado. A medida que se reducen las posibilidades tradicionales de interacción individualizada, se apreciarán más y más la originalidad y el pensamiento imaginativo.

4. Infraestructura de TI. A medida que se expanden las colecciones para incluir recursos digitales, se vuelve crucial la cooperación fructífera con el departamento de Tecnología Informática. Esto no solo incluye las relaciones amistosas sino, como demuestra la historia de la AIU, también implica incorporar un especialista en TI al equipo de la biblioteca, o bien específicamente capacitar a un miembro del personal de la biblioteca para asumir las funciones relacionadas con lo tecnológico. El software de biblioteca de código abierto (Koha y otros se mencionan en las historias) ha recibido atención especial en las instituciones de educación teológicas del mundo mayoritario porque se presume que es "libre". Aunque el software se puede descargar de forma gratuita de Internet, la instalación, la migración de datos y el mantenimiento requieren de un especialista en TI que coopere estrechamente con la biblioteca.

---

ayuda a asegurar la continuidad y la coherencia en el desarrollo de una biblioteca, aunque cambie el personal o el liderazgo.

5. ¡La cooperación es la clave! Cada una de las historias enfatiza cómo su éxito en ofrecer servicios de calidad para los estudiantes de doctorado depende en gran medida de las alianzas y la cooperación tanto local y nacional como internacional (Principio #4). Las historias de la AIU y del SAIACS subrayan lo fructuosa que ha sido la colaboración con la facultad para el desarrollo de una colección de calidad (Principio #3). Otros enfatizan la valiosa contribución y la ayuda crucial recibida de bibliotecarios de Occidente y otros durante el proceso de desarrollo de los programas de doctorado. La búsqueda de alianzas a menudo se dirige a Occidente por los recursos y la experiencia que allí residen; también juegan un papel las posibilidades de acreditación y el prestigio a menudo atribuidos, principalmente, a instituciones occidentales.[9] Como ha demostrado la pandemia con sus limitaciones a los viajes, el arraigo local es vital. Sobre todo para los recursos contextuales.

Cada una de las historias menciona la participación en consorcios de bibliotecas como una excelente manera de compartir recursos, participar en el desarrollo de colecciones compartidas, obtener acceso a recursos electrónicos, implementar un catálogo unificado y compartir el trabajo de clasificación. A veces existe la oportunidad de unirse a consorcios operados por el Estado; esto suele requerir acreditación estatal, y añade algunas estipulaciones (por ejemplo, como en el caso del IBTSC, no puede haber miembros de fuera del país). A menudo, las relaciones personales entre bibliotecarios de diferentes instituciones y asociaciones facilitan estas alianzas. Las conexiones interpersonales con bibliotecarios de diferentes lugares también abren puertas que permiten obtener recursos para los estudiantes (ver la historia del SAIACS).

En tanto la educación doctoral en el mundo mayoritario siga madurando y ganando terreno, y se desarrollan centros de posgrado serios en diversas partes del mundo, más y más se apreciarán los compromisos con lo global, la cooperación y los acuerdos bilaterales. Las necesidades y los desafíos de estas instituciones educativas del mundo mayoritario son similares, o al menos más comparables entre sí que con instituciones occidentales, que suelen tener amplios recursos y presupuestos más grandes. Todas recurren a la creatividad y al ingenio para su supervivencia y para lograr hacer "más con menos", y estas experiencias y conocimientos son dignos de ser compartidos. En cada una de las historias, la biblioteca y la institución enfrentaron decisiones difíciles y

---

9. Muchas de las instituciones teológicas del mundo mayoritario que ahora cuentan con programas de doctorado fueron iniciadas por misioneros occidentales; sus bibliotecas han sido desarrolladas con ayuda financiera que provino de Occidente. Las iniciativas nacionales de educación doctoral que han surgido en los últimos cinco a diez años enfrentan condiciones más difíciles y un entorno menos predecible.

tuvieron que considerar múltiples planes y opciones y, basándose en su situación contextual en ese momento, escogieron cómo avanzar. Ninguna experiencia puede ser copiada tal cual, pero se puede aprender mucho de la dinámica de cambios y transiciones, de los errores cometidos y de las ingeniosas soluciones que se inventaron.[10] Cada institución que inicia un programa de doctorado enfrentará sus propios dilemas. Esperamos que los principios planteados en la primera parte de este libro, y las historias de la segunda parte, ofrezcan pautas útiles que ayuden a que las instituciones teológicas y los bibliotecarios eviten los mismos errores.

6. Los bibliotecarios son educadores. Aunque los estudiantes de doctorado pueden ser considerados simplemente como estudiantes avanzados, no muy diferentes de otros estudiantes académicos, hay y debe haber una diferencia cualitativa en el trato que reciben como investigadores aprendices, colegas júnior y contribuyentes con voz propia y original. Los supervisores académicos son conscientes de que hay diferentes abordajes para mentorear a sus estudiantes de doctorado. Sin embargo, para algunas funciones de la biblioteca —por ejemplo, la capacitación en competencias informáticas— puede ser necesario replantear la implementación con lo anterior en mente (Principio #14). Los profesores de la facultad y el personal de la biblioteca deberán trabajar codo a codo en esto, complementando sus mutuas habilidades y formas de pensar, a fin de moldear las habilidades de razonamiento e investigación de los estudiantes, que provienen de diversos orígenes y perspectivas (Principio #15). A veces el personal de la biblioteca puede percibir mejor las necesidades que tienen los estudiantes de orientación y capacitación informática, porque trabajan con estudiantes de orígenes educativos muy diversos. Algunas de las historias muestran que los estudiantes que previamente han estudiado en otras instituciones, o que no han estudiado por un tiempo, y/o que se sienten intimidados por los avances tecnológicos, necesitan orientación especial. Es tarea de los bibliotecarios (los profesores a menudo están demasiado ocupados) desarrollar iniciativas que ayuden a los estudiantes a adquirir y mantener las competencias tecnológicas e investigativas (Principio #13). Pero la facultad también debe estar estrechamente involucrada en la capacitación, como expertos en sus especialidades que pueden ayudar a ver cómo los asuntos que se tratan están directamente relacionados con el tema de investigación del

---

10. Incluso en las conversaciones de nuestro grupo de autores —durante la preparación de este libro— muchas veces nos encontramos intercambiando cómo solucionamos problemas similares, y apreciando y enriqueciéndonos con los detalles de los enfoques que tomaron las diversas instituciones.

estudiante. A menudo los estudiantes de doctorado del mundo mayoritario luchan con el inglés como lengua de investigación y redacción, por lo que la búsqueda y el uso de recursos de investigación en inglés, sea en el formato que sea, requiere de asistencia adicional. Varias de las historias enfatizan los beneficios de que miembros del personal de la biblioteca hayan obtenido su doctorado y estén familiarizados con el proceso de investigación (Principio #12). Esto permite planificar intervenciones de alfabetización informática más eficaces y es una gran ayuda para el soporte de referencia y el desarrollo de la colección.

7. ¡Las finanzas! En todas las historias, los bibliotecarios cooperan con los responsables financieros de la institución teológica a la que pertenecen, ya sea en las operaciones diarias o incluso en la recaudación de fondos. Es de gran ayuda si la ardua tarea de recaudación de fondos la lleva a cabo un comité por aparte (ver la historia de la AIU). Aun así, los bibliotecarios deben participar de varias maneras: presentando las necesidades reales de la biblioteca, agasajando a los donantes con sabiduría, buscando donaciones y subvenciones y desarrollando formas creativas de promover las necesidades de la biblioteca entre personas interesadas. Mientras que la administración de la institución podría percatarse principalmente de los desembolsos para libros, muebles y salarios, los bibliotecarios deben alertar, a los que elaboran el presupuesto, de otras áreas vitales que requieren inversión, como la capacitación en competencias informáticas y el desarrollo profesional.

Como enfatizan estas historias de diferentes continentes, las bibliotecas teológicas pueden tener una influencia formativa y un impacto significativo en el reino de Dios. Contar con recursos de calidad es vital para apoyar la investigación original de los estudiantes de doctorado y el desarrollo de nuevos conocimientos. No debe menospreciarse que el bibliotecario y el personal de la biblioteca, como equipo de personas equipadas con habilidades de investigación y orientación y con una actitud correcta, tienen una posición privilegiada y decisiva para facilitar las conexiones entre personas, recursos y tecnología. Las instituciones en el mundo mayoritario que planean iniciar un programa de doctorado, o que buscan evaluar sus bibliotecas y sus procesos educativos, se beneficiarán de considerar la experiencia colectiva y los principios de mejores prácticas planteados en estos informes.

Apéndices

Apéndice 1

Perfil de los candidatos doctorales en el mundo mayoritario

Katharina Penner, Coordinadora de
Desarrollo de Bibliotecas de la EAAA

No hay un "estudiante de doctorado típico" cuando se trata de habilidades de investigación y uso de la biblioteca. Hay mucha variedad en cómo los estudiantes abordan su búsqueda de información, dependiendo de su formación y exposición anterior, su historia de vida, su experiencia con instituciones educativas y bibliotecas y cuánto tiempo ha pasado desde sus estudios previos. Aun así, los estudios que se han hecho de investigadores (definidos como estudiantes de doctorado, posdoctorado y docentes investigadores) y su uso de recursos bibliotecarios e informativos siguen identificando algunas similitudes, y sirve tenerlas en cuenta a la hora de planificar e impulsar los servicios bibliotecarios para estudiantes de posgrado.

Hay algunos estudios útiles sobre estudiantes de investigación en general y varios sobre estudiantes de teología en particular.[1] La mayoría se han llevado a cabo en Occidente, por lo que sus hallazgos no son directamente transferibles a la educación doctoral evangélica en el mundo mayoritario. Sin embargo, ofrecen pautas útiles y estimulan la observación y la reflexión. El siguiente resumen se basa en conclusiones investigativas, el contacto directo con estudiantes de doctorado en Teología, y evidencia anecdótica de varias partes

---

1. Cf. por ejemplo: "The Value of Libraries for Research and Researchers," un informe de RIN y RLUK, marzo, 2011, https://www.rluk.ac.uk/portfolio-items/the-value-of-libraries-for-research-and-researchers; Lucinda Covert-Vail y Scott Collard, "New Roles for New Times: Research Library Services for Graduate Students," Association of Research Libraries, 2012, http://www.arl.org/rtl/plan/nrnt; Danielle Cooper y Roger Schonfeld, "Supporting the Changing Research Practices of Religious Studies Scholars," Ithaka S+R, febrero 8, 2017, https://doi.org/10.18665/sr.294119.

del mundo. Intenta destilar las características clave del uso de la biblioteca y las prácticas de investigación de los estudiantes de doctorado. Han servido como puntos de diálogo en la formulación de los principios —de la primera parte de este libro— que informan las mejores prácticas para bibliotecas del mundo mayoritario que sirven a estudiantes de doctorado en Teología.

Uso de recursos de investigación

Los estudiantes de teología, como sus homólogos en las humanidades, valoran los recursos impresos cuando están disponibles.[2] Sin embargo, está creciendo la expectativa de que la biblioteca también ofrezca acceso directo —desde el escritorio del estudiante— a los recursos electrónicos relevantes.

Hay muchos recursos académicos útiles disponibles a bajo costo o gratis en Internet, lo cual agrega comodidad y facilidad de acceso. Por lo general, para descubrir recursos útiles, los estudiantes dependen de herramientas de búsqueda electrónica. Con la práctica adquieren capacidad y autoconfianza en el uso de los recursos en línea,[3] y luego van al Internet más a menudo que a las instalaciones de la biblioteca académica. Una biblioteca es solo una de las múltiples opciones que tienen para encontrar y acceder a información. Para una biblioteca teológica del mundo mayoritario —típicamente menos dotada de recursos— esto es un desafío. Para mantenerse competitiva y relevante[4] necesita identificar los servicios de valor agregado que puede ofrecer con un toque humano, y así atraer a los estudiantes de doctorado a sus recursos.

Por lo general, en las etapas iniciales de su investigación, los estudiantes van primero a Google y a otras plataformas similares. Son la primera parada

---

2. Los materiales impresos son más propicios para la reflexión y enfatizan la linealidad del pensamiento (que es una habilidad importante a la hora de construir bosquejos y organizar la redacción propia —de una manera lógica y sucesiva— en torno a un planteamiento de tesis). Los materiales impresos también invitan a subrayar y tomar notas, y a saltar entre secciones para rastrear conexiones entre ideas.

3. Esto no es cierto para todos los estudiantes de posgrado. Para algunos es una lucha. Depende de la exposición previa a recursos electrónicos, de cuánto tiempo han pasado fuera del contexto educativo, y de otros factores. Los estudiantes pueden ser bastante hábiles en el uso de teléfonos inteligentes y otras tecnologías, pero cuando se trata de catálogos, bases de datos y sistemas de gestión de aprendizaje —que son más estructurados y exigen formas diferentes de intuición y navegación— hay ciertos obstáculos a la comprensión y el uso.

4. Si las bibliotecas no logran responder a esta tendencia, y no ofrecen ni recursos electrónicos ni diseñan servicios atractivos para sus usuarios, sin duda se volverán irrelevantes. Una biblioteca de nivel de doctorado debe enfocar y optimizar sus servicios, personalizar el servicio a los estudiantes de doctorado, y encontrar formas suplementarias de apoyar el trabajo de investigación.

por su facilidad de uso y porque los estudiantes usan esas mismas plataformas en consultas diarias no relacionadas con su trabajo académico.[5] A veces Google Scholar es más rápido que otros servicios, como Scopus o Web of Science, en registrar e indexar investigaciones nuevas —porque su indexación es automática. Además, es común que los estudiantes del mundo mayoritario no tengan acceso a esas bases de datos indexadas, que son más costosas. Es solo luego de su exploración inicial, y tras expandir la búsqueda de forma concéntrica, que los estudiantes de doctorado finalmente consultarán los catálogos bibliotecarios y las bases de datos académicas. A menudo estas no se usan para descubrir recursos, sino más bien para localizar y acceder a recursos encontrados por otros medios. El desconocimiento —por parte de los estudiantes— de la existencia y los beneficios de las bases de datos académicas, y la ineficaz promoción de esas herramientas —por parte de la biblioteca— pueden explicar el escaso uso de las bases de datos (tanto pagas como de acceso abierto) que observan los bibliotecarios.

Los tipos de materiales que más usan los estudiantes de posgrado son artículos de revistas,[6] capítulos de libros, reportes de conferencias y monografías. Por el acceso limitado a recursos impresos y/o digitales en el mundo mayoritario, y dependiendo de la cultura académica de las universidades estatales del país, los estudiantes sienten menos inhibiciones a la hora de usar fuentes que en Occidente serían percibidas como menos académicas, como sitios web, blogs, etc. Los estudiantes valoran especialmente la investigación nueva, aunque también agradecen la orientación sobre quiénes son los "expertos en el campo". Las redes académicas personales son importantes para localizar investigaciones nuevas y relevantes, pero al principio del proceso de investigación estas relaciones aún no están bien desarrolladas, y entonces los estudiantes dependen de sus supervisores o pares, y a veces también de servicios informáticos de notificación, para enterarse de lo nuevo. Las tesis (disertaciones) son muy útiles al inicio de una investigación porque cada estudiante necesita establecer la originalidad de su propio trabajo y encontrar su "nicho". La biblioteca necesita responder a esta necesidad y buscar entra

---

5. En lugar de afligirse por los aspectos negativos de Google (¡y tiene muchos!), es más aconsejable que las bibliotecas se conecten con los estudiantes donde están y les ofrezcan capacitación para que su uso de los productos de Google (búsquedas, Google Scholar, Google Books, etc.) sea más eficaz.

6. Por lo general (¡pero no siempre!) los artículos se valoran más porque ofrecen información actual y controversial, lo cual impulsa la discusión —que es parte integral del proceso de disertación. A menudo los libros y las monografías ocupan el primer puesto para estudiantes en instituciones del mundo mayoritario, posiblemente porque las revistas teológicas son menos accesibles, ya sea que estén en formato impreso o digital.

las disertaciones de acceso abierto que las instituciones que otorgan títulos y otras plataformas están empezando a poner a disposición en repositorios de acceso abierto.

Los factores contextuales influyen en la búsqueda y el uso de información. Confrontados con las presiones académicas de un doctorado y las dificultades para obtener los recursos adecuados, los estudiantes siempre están atentos a formas alternativas que faciliten su trabajo. Algunos son más creativos y exitosos que otros, y algunos ya cuentan con grandes bibliotecas personales (impresas y digitales). Sin embargo, estas no son suficientes para estudiar a nivel de doctorado, y el trabajo de ampliar esas bibliotecas personales continúa a lo largo del proceso de investigación.[7] Dado que ese proceso individual puede ser azaroso y poco sistemático (¡se echa mano a lo que se puede!), los recursos recolectados no siempre están bien organizados o catalogados, y están dispersos en varios formatos y diversas plataformas (porque ninguna unidad de memoria flash, disco externo o servicio en la nube ofrece suficiente espacio para almacenar todo junto).[8]

Uso de los servicios de la biblioteca

Los estudiantes de doctorado utilizan la biblioteca física de forma limitada. Esto tiene muchas y diversas causas, pero a veces se debe a la escasez de espacio para estudiar en la biblioteca, a la distancia geográfica de la biblioteca (para los estudiantes a distancia), al hecho de que la población de usuarios de la biblioteca está compuesta principalmente de estudiantes de grado, o por experiencias previas negativas con alguna biblioteca. Sin embargo, si sus necesidades son tomadas en cuenta, los estudiantes de doctorado valoran mucho el espacio físico de la biblioteca. Muchos estudiantes de doctorado del mundo mayoritario no tienen oficinas personales o temen ser interrumpidos o "descubiertos" cuando intentan estudiar en sus hogares. A menudo viven en condiciones que limitan su estudio, y les gusta usar la biblioteca para estudiar, si es que la biblioteca ofrece espacios tranquilos, protegidos y que pueden

---

7. Hay otras razones para querer desarrollar una biblioteca personal: la biblioteca de la institución donde están matriculados puede no tener suficientes recursos para los estudios de doctorado, el tema de estudio puede ser muy especializado, estudian a mucha distancia geográfica de la biblioteca, quieren tener recursos que pueden volver a consultar después de graduarse, y la biblioteca no tiene un plan para que los egresados usen sus recursos.

8. El informe de Ithaka menciona que los teólogos occidentales expresan el mismo interés por desarrollar bibliotecas personales, por lo que pareciera ser una característica de la disciplina y no de contextos particulares.

personalizar. También valoran la biblioteca como espacio de encuentro y diálogo con otros estudiantes investigadores.

Son muy importantes la conveniencia y el uso accesible y fácil, por lo que cualquier tipo de servicio que la biblioteca ofrezca necesita tomar en cuenta esos factores. Los estudiantes de investigación siempre están con presión de tiempo[9] y tienden a seguir el "camino de menor resistencia". Si un recurso electrónico o impreso no está disponible o accesible de inmediato, es probable que sea ignorado, especialmente después de varios intentos infructíferos de obtenerlo o pedirlo. La exposición previa a la investigación, así como experiencias anteriores con bibliotecas, catálogos y bases de datos académicas, influyen positivamente en cómo los estudiantes de doctorado buscan información. Pero la falta de tiempo es un factor negativo, y hace que sus búsquedas sean menos óptimas.

La preferencia por fuentes electrónicas no implica que los estudiantes sean competentes y eficientes en su uso, aunque se consideren suficientemente preparados para ello. El hecho de que solo pueden dedicar tiempo de calidad a investigar y a trabajar en su disertación de forma intermitente, combinado con su desconocimiento parcial de formas eficientes de encontrar materiales difíciles de obtener, conduce a la frustración o a la ansiedad por el riesgo de pasar por alto información importante.

Aun así, los estudiantes de doctorado casi siempre prefieren hacer sus búsquedas por cuenta propia. ¿Por qué? Porque los temas de investigación están definidos muy estrechamente y su especialización en sus temas es cada vez mayor, y quizás porque creen que en esta etapa de su carrera académica ya deberían haber logrado ser independientes y autosuficientes. Dependiendo de la etapa de investigación, se pueden observar diferentes comportamientos de búsqueda. Al principio, las búsquedas son bastante al azar y poco sistemáticas; hay algo de búsqueda en cadenas de citas —es decir, a revisar referencias y bibliografías de recursos útiles en busca de otros materiales parecidos. Las búsquedas se vuelven más organizadas, diferenciadas y estratégicas en etapas posteriores, a veces bajo la guía de un supervisor, a veces porque se han vuelto más claros los contornos del tema y se han definido mejor las lagunas informativas. Las diferentes estrategias se utilizan de forma reiterada,

---

9. Si bien es un fenómeno común —un estudiante de posgrado en Teología por lo general tiene que vivir y hacerle frente a las expectativas de múltiples "mundos": ministerio, trabajo, estudios, familia—, las presiones se hacen aún más palpables cuando se añaden las situaciones económicas y políticas existentes en el mundo mayoritario.

variando los grados de profundidad y precisión, dependiendo de la etapa de la investigación y de las necesidades de información.

A pesar de su renuencia a buscar ayuda, los estudiantes sí la buscan. Por lo general, los primeros puntos de contacto son sus supervisores, profesores y otros estudiantes investigadores. Menos a menudo, los estudiantes de doctorado acuden a los bibliotecarios, en parte debido a la vergüenza de parecer deficientes, en parte por una percepción exagerada de sus propias habilidades, o en parte debido a una relación más distante con el personal de la biblioteca que con el supervisor o con la facultad académica. Es posible que los estudiantes crean que los bibliotecarios no están lo suficientemente informados sobre su tema —por estar definido tan estrechamente. Y tienen razón: un bibliotecario no tendrá una respuesta inmediata; pero él o ella pueden entrenar a los estudiantes en cómo usar diversas tecnologías para buscar y encontrar las fuentes idóneas. Los estudiantes de posgrado valoran la ayuda de referencia, los préstamos interbibliotecarios y otros servicios ofrecidos por la biblioteca. Los usan más a menudo después de sesiones útiles de capacitación o después de haber tenido una experiencia exitosa con un bibliotecario competente. El personal de la biblioteca necesita construir relaciones con los estudiantes de doctorado de manera proactiva y llegar a ser miembros confiables de sus redes informales. Necesitan ser miembros reconocibles de la comunidad académica, competentes en el uso de las redes sociales y disponibles en la biblioteca física; necesitan parecer (y ser) competentes, y convertirse en socios de diálogo de los estudiantes de doctorado, sobre todo haciéndoles preguntas diferentes a las que suele hacer un supervisor de tesis.

Muchos estudiantes no saben lo que su biblioteca puede hacer por ellos. La biblioteca debe tener una campaña de divulgación agresiva y creativa, que promueva su capacidad de personalizar los servicios según las necesidades de cada estudiante de doctorado. Si las herramientas de descubrimiento digitales son la preferencia, entonces serán muy útiles los tutoriales digitales y los servicios de chat y será importante contar con un sitio web atractivo, fácil de usar y con un alto contenido de información. La biblioteca tiene que informar y concientizar a los estudiantes acerca de sus recursos y servicios. A menudo la clave está en un enfoque individualizado y en aprovechar el momento oportuno.

Ya que el tiempo escasea, es poco probable que los estudiantes de doctorado asistan a los talleres o seminarios generales que ofrece la biblioteca. Prefieren recibir instrucción en el punto de necesidad, "aquí y ahora", sobre todo cuando tienen una pregunta o se sienten atascados. A medida que un estudiante de doctorado avanza en su investigación, su identidad y autopercepción cambian.

Gana experiencia y, de forma lenta pero segura, deja de ser estudiante para convertirse en investigador o investigadora. Para que la biblioteca pueda comunicarse con eficacia y ofrecer capacitación apropiada que impacte en la vida del estudiante, su personal debe tratar al estudiante con respeto y nunca de manera condescendiente, sin importar cuáles sean sus habilidades, conocimientos y actitudes.

Apéndice 2

Redes de bibliotecas

Pieter van Wingerden, Bibliotecario del IBTSC

Un tema que se ha mencionado varias veces a lo largo de este libro, tanto en los principios como en las historias, es el de la cooperación entre bibliotecas. Cada biblioteca está establecida para servir a una comunidad claramente definida. En nuestro contexto, las bibliotecas sirven a una comunidad que se dedica a la educación y a la investigación teológica. A veces estas comunidades son estrictamente denominacionales, a veces están asociadas a una rama específica de la familia cristiana, y a veces también tienen un alcance más amplio. Esto se refleja en el perfil de nuestra gestión de colecciones en cuanto orienta nuestras decisiones sobre adquisiciones —decisiones que, creemos, son las que mejor sirven a nuestra comunidad específica. Pero no importa cuán grandes sean nuestros presupuestos, siempre habrá individuos en nuestras comunidades que necesitan recursos que no están en nuestras propias colecciones. ¡Y por eso a los bibliotecarios les encantan las redes!

Así como los bibliotecarios están siempre dispuestos a responder a las necesidades de sus usuarios, hay una postura similar de servicio entre los mismos bibliotecarios. Nuestro rol es asegurar que nuestros estudiantes, profesores e investigadores tengan los recursos que necesitan para llevar a cabo sus estudios. Creemos que su investigación y educación es una herramienta importante para la iglesia y la construcción del reino de Dios. Para muchos bibliotecarios, proveer estos recursos es nuestra misión vital. Porque sabemos que necesitamos de nuestros colegas para mantener bien provista de recursos a nuestra propia comunidad, nos damos cuenta que ellos y ellas también necesitan de nuestra ayuda para mantener a sus comunidades provistas con los recursos necesarios.

Las redes de bibliotecas suelen organizarse a nivel regional, nacional y continental, a veces también a nivel denominacional. Es esencial que una biblioteca sea miembro de al menos una de estas redes. Si no hay una red nacional disponible, por lo general existe la posibilidad de ser miembros directos de una red continental. La mayoría de estas redes organizan una conferencia anual —o cada dos años—, donde los bibliotecarios teológicos de diferentes tipos de bibliotecas se reúnen para discutir cuestiones prácticas de su profesión. A veces estas conferencias se organizan en torno a un tema. Actualmente algunos de los temas de interés son los derechos de autor, la digitalización, el acceso abierto, la indexación temática, la mejora del servicio al usuario, etc. Para muchos bibliotecarios, estas conferencias son un espacio en donde inspirarse, compartir con colegas, aprender más, y desarrollarse profesionalmente. Los recursos invertidos (gastos de viaje, costo de la conferencia) para que el personal bibliotecario participe en estas conferencias son muy modestos en comparación con los réditos a largo plazo. Reunirse con colegas de todo el país o de todas partes del continente consolida relaciones que se fortalecen a medida que crece la interacción y la ayuda mutua. Estas relaciones personales y amistades de confianza a menudo muestran su valor cuando un estudiante necesita un recurso; también facilitan el camino para los acuerdos entre instituciones. A través de estas redes, bibliotecarios y bibliotecarias de diferentes contextos pueden beneficiarse del apoyo mutuo.

Las expresiones más frecuentes de este tipo de apoyo mutuo son las listas de correo electrónico. Casi todas las asociaciones nacionales e internacionales de bibliotecas teológicas cuentan con una lista de direcciones de correo que facilita que sus miembros se mantengan en contacto entre sí. Y estas listas de correos son atesoradas por todo bibliotecario. Cuando un usuario necesita un recurso específico, podemos utilizar nuestras redes para averiguar si hay un colega en otra institución —tal vez en otro país, o incluso en otro continente— que lo pueda compartir con nosotros. Porque todos los bibliotecarios tenemos (o deberíamos tener) una increíble orientación al servicio, apreciamos estas solicitudes y a menudo vamos la milla extra para ayudar a nuestros colegas en el servicio a su usuario.

Para algunas bibliotecas teológicas, estas redes informales son la principal fuente para solicitar el apoyo de otros bibliotecarios. Muchas bibliotecas teológicas también forman parte de redes más formales. Como hemos visto más arriba en las historias de bibliotecas, algunos de nosotros formamos parte de redes nacionales de préstamos interbibliotecarios; algunos participamos en proyectos nacionales de catalogación; y algunos compartimos recursos electrónicos con una o más bibliotecas. Este tipo de actividades cooperativas están organizadas más formalmente y, por lo general, requieren de contratos o memorandos de entendimiento firmados entre instituciones. Sin embargo, antes de llegar a firmar ese tipo de acuerdo, a veces hace falta un cambio de mentalidad. A todo el mundo le gusta pedir prestado, pero no todo el mundo está dispuesto de inmediato a prestar. Un aspecto fundamental a considerar es la confianza, y a veces no es fácil de establecer, posiblemente debido a decepciones previas, reglas administrativas estrictas, presiones de tiempo y otros asuntos. En algunas partes del mundo, las negociaciones a nivel administrativo podrían no lograr nada inicialmente, y para avanzar podrían ser cruciales las conexiones personales entre familiares o (ex)compañeros de estudio.

Dado que estos tipos de redes son tan diversas en lo que pretenden lograr, y tan útiles para la misión de una biblioteca teológica, cada biblioteca tendrá su propia constelación de redes. Para algunas bibliotecas serán mucho más importantes las conexiones internacionales. Algunas bibliotecas dependen mucho de un programa nacional de préstamos interbibliotecarios; otras harán uso exclusivo de listas informales de correos electrónicos para satisfacer las necesidades de sus usuarios que no pueden satisfacer con sus propias colecciones. En fin, para garantizar la cooperación bibliotecaria a largo plazo, una institución debe pensar en la mutualidad y la equidad, y no intentar cubrir las necesidades de sus estudiantes y profesores, confiando completamente en los recursos de otros sin invertir en el desarrollo de su propia biblioteca. Aun así, lo que tienen en común todas las historias en este libro es que ninguna de nuestras bibliotecas podría haber logrado el nivel de servicio que hoy brindamos a nuestra comunidad sin las redes formales e informales, nacionales e internacionales de las que formamos parte. Incluso este libro que tiene en sus manos es el resultado directo de la existencia de tales redes. Animamos a su institución y a su biblioteca a que investiguen cuáles son y cómo son las redes en su propio contexto. Son una estructura de soporte, y esenciales para que su biblioteca logre su misión.

Lecturas adicionales

ACL. *Library Guidelines for ABHE Colleges and Universities*. Cedarville: Association of Christian Librarians, 2016.

Association of College and Research Libraries. *Framework for Information Literacy for Higher Education*. Chicago: American Library Association, 2016. http://www.ala. org/acrl/standards/ilframeworkapps.

———. Marco de Referencia para Habilidades para el Manejo de la Información en la Educación Superior. Chicago: American Library Association, 2016. https://www. ala.org/acrl/sites/ala.org.acrl/files/content/standards/Framework_Spanish.pdf.

———. *Information Literacy Competency Standards For Higher Education*, 2000. http:// www.ala.org/acrl/standards/informationliteracycompetency.

Badke, William. "The Framework for Information Literacy and Theological Education: Introduction to the ACRL Framework." *Theological Librarianship* 9, no. 2 (2015): 4–7. https://serials.atla.com/theolib/article/view/2392.

———. *Teaching Research Processes: The Faculty Role in the Development of Skilled Student Researchers*. 2ª ed., Enroute, 2021.

Cooper, Danielle, Roger C. Schonfeld, et al. "Supporting the Changing Research Practices of Religious Studies Scholars." Ithaka S+R, Feb. 8, 2017. doi:10.18665/ sr.294119.

Covert-Vail, Lucinda, y Scott Collard. "New Roles for New Times: Research Library Services for Graduate Students." Association of Research Libraries, 2012. https:// www.arl.org/wp-content/uploads/2012/12/nrnt-grad-roles-20dec12.pdf.

Ćurić, Matina, ed. *Introduction to Theological Libraries*. The Theological Librarian's Handbook, Vol. 1. Chicago: ATLA Open Press, 2020. doi:10.31046/ atlaopenpress.34.

Detar, Melody Diehl. "Theological Librarianship from a Distance." *Theological Librarianship* 8, no. 2 (2015): 11–15. doi:10.31046/tl.v8i2.390.

Dunkley, James. "Theological libraries and theological librarians in theological education." En *Summary of proceedings: Forty-fifth annual conference of the American Theological Library Association*, ed. Betty A. O'Brien: 227–231. Evanston, Ill.: American Theological Library Association, 1991.

Gale, Michael, y Carol Reekie. *ABTAPL Guidelines for Theological Libraries*. Cambridge: ABTAPL Publishing, 2008. https://abtapl.org.uk/wp-content/uploads/2017/08/ GuidelinesForTheologicalLibraries2008.pdf.

Gragg, Douglas L. "Charting a Course for Information Literacy in Theological Education." *American Theological Library Association Summary of Proceedings* 58 (2004): 50–53.

ICETE. "Standards and Guidelines for Global Evangelical Theological Education, 2019." https://icete.info/wp-content/uploads/2019/04/Standards-and-Guidelines-for-Global-Evangelical-Theological-Education-2019.pdf.

International Federation of Library Associations and Institutions Section on Acquisition and Collection Development. "Guidelines for a Collection Development Policy Using the Conspectus Model," 2001. https://www.ifla.org/publications/guidelines-for-a-collection-development-policy-using-the-conspectus-model.

————. "Directrices para una política de desarrollo de las colecciones sobre la base del modelo conspectus," 2001. https://repository.ifla.org/bitstream/123456789/55/1/gcdp-es.pdf.

Mayer, Robert J. "Theological Librarians and Collection Management: Collaborative Policy Development." *Theological Librarianship* 11, no. 2 (Oct 2018). doi:10.31046/tl.v11i2.530.

McMahon, Melody Layton, y David R. Stewart, eds. *A Broadening Conversation: Classic Readings in Theological Librarianship*. Lanham: Scarecrow Press, 2006. doi:10.31046/atlapress.27.

Research Libraries UK. "The Value of Libraries for Research and Researchers." A RIN and RLUK report, Mar. 2011. https://www.rluk.ac.uk/wp-content/uploads/2014/02/Value-of-Libraries-report.pdf.

Shaw, Ian J., Scott Cunningham, y Bernhard Ott. *Best Practice Guidelines for Doctoral Programs*. Carlisle: Langham Global Library, 2015.

Smiley, Bobby, ed. *Information Literacy and Theological Librarianship: Theory & Praxis*. Chicago: ATLA Open Press, 2019. doi:10.31046/atlaopenpress.33.

Whipple, Caroline. "Collection Development in a Theological Research Library." En *A Broadening Conversation: Classic Readings in Theological Librarianship*, editado por Melody Layton McMahon y David R. Stewart. Lanham, MD: Scarecrow Press, 2006. Republicado en 2019 como eBook por la American Theological Library Association.doi:10.31046/atlapress.27.

Contribuyentes

David Baer es profesor de Antiguo Testamento e Idiomas Bíblicos en el Seminario Bíblico de Colombia. También dirige la Iniciativa de Educación Teológica (TEI, por su sigla en inglés) y funge como profesor visitante en el Arab Baptist Theological Seminary, en Beirut, Líbano. David ha invertido su vida adulta en la educación teológica y el liderazgo organizacional, habiendo servido como Presidente del Seminario ESEPA de Costa Rica y del Overseas Council (OC). Recibió su PhD de la Universidad de Cambridge, un MDiv de Gordon-Conwell Theological Seminary, y un BA de Wheaton College, Estados Unidos.

Steve Chang (PhD, Aberdeen) es profesor de Nuevo Testamento y Director del Programa de Doctorado en la Torch Trinity Graduate University, en Seúl, Corea. Actualmente se desempeña como copresidente del Comité Directivo de Iniciativas Doctorales de ICETE. Cuenta entre los autores de: *A Hybrid World: Diaspora, Hybridity, and Missio Dei* (2020) y *Scattered and Gathered: A Global Compendium of Diaspora Missiology* (2020).

Melody Mazuk ha servido como bibliotecaria teológica y consultora para bibliotecas teológicas durante muchos años en lugares tan maravillosos como variados. Encontró, en el oficio de bibliotecaria teológica, la perfecta conjunción entre profesión (bibliotecología) y vocación (teología). Estudió en la Universidad de Baylor, la Universidad de Pittsburgh, el IBTS (Rüschlikon) y en Eastern Seminary. Además de su trabajo como bibliotecaria teológica, se desempeñó como acreditadora de sus pares para la ATS (Association of Theological Schools) en Estados Unidos y Canadá y la Commission on Higher Education / Middle States Association. También ha sido miembro de la Comisión de Acreditación de la ATS y de la Junta Directiva de ATLA (American Theological Library Association).

Ephraim Mudave es el bibliotecario universitario de la AIU (Africa International University) en Nairobi, Kenia, donde es miembro del Consejo Administrativo y del Senado de la Universidad. Es colega revisor para la Comisión de Educación Universitaria (CUE) en Kenia en cuestiones de bibliotecología y Patrocinador de la Asociación Cristiana de Bibliotecarios en África-Kenia. Ephraim ha trabajado en bibliotecas teológicas por más de veintiséis años, principalmente en puestos directivos. También enseña como profesor a tiempo parcial. Cuenta con un PhD en Estudios de la Información de la Universidad de Kwazulu-Natal en Sudáfrica, un MA en Estudios de la Misión de la AIU, una maestría en Bibliotecología de la Universidad de Indiana, Bloomington, y un BSc en Ciencias de la Información de la Universidad Moi, en Kenia.

Katharina Penner nació en la RSS de Kirguistán y vive en Viena. Tiene dos títulos de maestría, uno en Teología y otro en Bibliotecología y Ciencias de la Información, y está trabajando para obtener su PhD en Educación Teológica. Durante los últimos treinta años se ha desempeñado en instituciones de educación teológica en San Petersburgo (Rusia), Praga (República Checa), y en Austria, como miembro de la facultad y como directora de la biblioteca. Desde 2016 funge como Coordinadora de Desarrollo de Bibliotecas de la EAAA (Eurasian Accrediting Association) y participa en varios proyectos editoriales como autora y coordinadora.

Yesan Sellan es bibliotecario en jefe del SAIACS (South Asia Institute of Advanced Christian Studies), que ofrece programas de posgrado y doctorado en Ciencias Bíblicas, Teología y Misiología. Antes de sumarse al SAIACS, fue bibliotecario en el Serampore College, India. El Dr. Sellan tiene un PhD en Bibliotecología y Ciencias de la Información otorgado por la Universidad Bharathidasan, en Tiruchirappalli, India. Fue Secretario del ForATL (Forum of Asian Theological Librarians) y en la actualidad se desempeña como Secretario Ejecutivo de la ITLA (Indian Theological Library Association). El Dr. Sellan ha publicado ampliamente, ha facilitado numerosos talleres, y ha asistido y presentado ponencias en conferencias internacionales en los Estados Unidos, Canadá, Corea del Sur, Tailandia, Nepal, Indonesia y Singapur.

Joyce Wai-Lan Sun es Profesora Asociada en la CGST (China Graduate School of Theology), en Hong Kong. Obtuvo su PhD en Nuevo Testamento de la Universidad de Edimburgo, Reino Unido, y es autora del libro *This Is True Grace: The Shaping of Social Behavioral Instructions by Theology in 1 Peter*. Se desempeño también como bibliotecaria del CGST del 2013 al 2021.

Pieter van Wingerden es el bibliotecario del Centro IBTS en Ámsterdam y socio colaborador de la Facultad de Religión y Teología de la Vrije Universiteit (VU) Amsterdam. Pieter cuenta con una maestría en Lenguas y Culturas Griegas y Latinas, sirvió con su esposa, Hanna-Ruth, en Asia Central del 2010 al 2014, y ha estado en su puesto actual desde el año 2014. En su tiempo libre está estudiando para obtener su PhD en la Universidad de Leiden. Como bibliotecario, la misión de Pieter es proveer a la comunidad de investigadores y estudiantes de investigación asociados con el Centro IBTS Amsterdam el acceso (en línea) a los recursos que requieren de la biblioteca.

Global Hub for Evangelical Theological Education

ICETE es una comunidad global, patrocinada por nueve redes regionales de instituciones teológicas, dedicada a fomentar la interacción y colaboración internacional entre todos aquellos que intervienen en el fortalecimiento y el desarrollo de la educación teológica evangélica y del liderazgo cristiano alrededor del mundo.

El propósito de ICETE es:

1. Promover el mejoramiento de la educación teológica evangélica alrededor del mundo.
2. Servir como foro para la interacción, asociación y colaboración entre quienes intervienen en la educación teológica evangélica y en el desarrollo de liderazgo evangélico, para su mutua asistencia, estimulación y enriquecimiento.
3. Ofrecer servicios de apoyo y asesoramiento para asociaciones regionales de instituciones evangélicas de educación teológica alrededor del mundo.
4. Facilitar, para las redes regionales, la promoción de sus servicios entre las instituciones evangélicas de educación teológica dentro de sus regiones.

Las asociaciones patrocinadoras incluyen:

África: Association for Christian Theological Education in Africa (ACTEA)

Asia: Asia Theological Association (ATA)

Caribe: Caribbean Evangelical Theological Association (CETA)

Europa: European Evangelical Accrediting Association (EEAA)

Euro-Asia: Euro-Asian Accrediting Association (E-AAA)

América Latina: Asociación Evangélica de Educación Teológica en América Latina (AETAL)

Medio Oriente y Norte de África: Middle East Association for Theological Education (MEATE)

América del Norte: Association for Biblical Higher Education (ABHE)

Pacífic-Sur: South Pacific Association of Evangelical Colleges (SPAEC)

www.icete-edu.org

Langham

PARTNERSHIP

Langham Literature y sus sellos editoriales son parte del ministerio de
Langham Partnership.

Langham Partnership es un comunidad global que trabaja para actualizar la visión que el Señor confió a su fundador John Stott – la visión de

facilitar el crecimiento de la iglesia en madurez y en semejanza al carácter de Cristo por medio de la mejora de los estándares de la predicación y la enseñanza bíblicas.

Nuestra visión es que las iglesias del mundo mayoritario sean equipadas para la misión y crezcan hacia la madurez en Cristo por medio del ministerio de pastores y líderes que creen, enseñan y viven de acuerdo a la Palabra de Dios.

Nuestra misión es fortalecer el ministerio de la Palabra de Dios:
- fortaleciendo movimientos nacionales de predicación bíblica
- favoreciendo la creación y distribución de literatura evangélica
- elevando el nivel de la educación teológica evangélica, especialmente en países donde las iglesias carecen de recursos.

Nuestro ministerio

Langham Preaching se asocia con líderes nacionales que estimulan movimientos locales de predicación bíblica para pastores y predicadores laicos en el mundo entero. Con el apoyo de un equipo de capacitadores provenientes de diversos países, se desarrolla un programa de talleres a diversos niveles que proveen capacitación práctica, seguido de un programa que busca formar facilitadores locales. Los grupos locales de predicación (escuelas de expositores), que son redes nacionales y regionales, se encargan de dar continuidad a los programas y de impulsar su desarrollo con el fin de construir un movimiento sólido y comprometido con la exposición bíblica.

Langham Literature provee a los pastores, académicos y seminarios del mundo mayoritario libros evangélicos y recursos electrónicos mediante su publicación y distribución, y por medio de becas y descuentos. El programa también auspicia la producción de literatura evangélica autóctona en diversos idiomas mediante becas para escritores, con apoyos para casas editoriales evangélicas, y por medio de la inversión en proyectos importantes de literatura en las regiones, como por ejemplo los comentarios bíblicos a un solo volumen como el *Africa Bible Commentary* (Comentario Bíblico Africano) y el *South Asia Bible Commentary* (Comentario Bíblico del Sureste Asiático).

Langham Scholars provee respaldo económico para estudiantes evangélicos del mundo mayoritario a nivel doctorado, de modo que, cuando regresen a su país de origen, puedan formar a pastores y a otros líderes cristianos por medio de la enseñanza bíblica y teológica. Este programa forma a los que más adelante formarán a otros. Langham Scholars también trabaja en colaboración con seminarios del mundo mayoritario para fortalecer la educación teológica evangélica. Un número creciente de becados de Langham estudia programas doctorales de alta calidad en instituciones del mundo mayoritario. Además de enseñar a una nueva generación de pastores, los graduados del programa de becas Langham ejercen una influencia considerable a través de sus escritos y su liderazgo.

Para conocer más acerca de Langham Partnership y el trabajo que realizamos visita **langham.org**